Después de la Dieta.

Después de la Dieta

Importancia de las Emociones.

Resistencia

a perder peso.

El presente libro nos ofrece una sorprendente herramienta para cuidar nuestro cuerpo.
Su texto no está diseñado para reemplazar las recomendaciones médicas.
El autor pide al lector que maneje estos procesos bajo la supervisión de un terapeuta o médico capacitado.
Tanto el autor como el editor no asumen responsabilidad alguna por la forma en que el lector elija llevar a cabo las herramientas que se indican en este libro.

A mi hijo Pepe.

ÍNDICE

PRÓLOGO

Este libro que tiene entre sus manos lo hemos centrado en dar explicación sobre las causas del por qué después de un eficaz régimen de adelgazamiento, algunas personas trascurrido un corto espacio de tiempo regresan a su peso anterior acompañados del sentimiento de haber fracasado, y algún pequeño cambio en su esquema corporal. Exponemos las causas, presentamos las herramientas para dar la solución y los necesarios pasos a seguir hasta alcanzar y permanecer en su peso ideal. Esta ha sido nuestra meta. La causa que nos ha llevado a crear el libro.

Adelgazar mediante un régimen controlado y voluntad es sencillo llevarlo a cabo cuando no existe un componente corporal asociado. Hoy las dietas se ajustan a elementos muy estudiados, muy probados, que nos dicen que podemos tomar o no. Alimentos que ayudan a cambiar nuestros hábitos alimenticios, gasto energético y como consecuencia a bajar de peso. Engordar es un efecto físico y en ello se centran, pero el mantener "ese peso alcanzado" evitando el "efecto rebrote" requiere conocer las causas que lo provocaron y manera de resolver ese nudo que impide el cambio. Y es que, para cambiar nuestro esquema corporal, también es necesario cambiar "nuestro esquema mental". Conocer las:

- Emociones que le llevan a engordar.
- Resistencias a permanecer delgado.
- Herramientas para desprenderse de ese peso superfluo, de su significado en el que tanto tiempo se ha resguardado.

Necesitamos conocer las causas, el origen, para poder después aplicar las herramientas necesarias y no cesar. No basta ser conocedor del camino para seguirlo y la realidad que es muy tozuda no cesa de recordarnos que el hombre no hace lo que quiere hacer, sino lo que tiene la costumbre de hacer. Sí, cambiar de hábito no es una cuestión baladí, por ello en nuestra opinión, entendemos que la presencia del psicólogo como experto en modificación de conducta es figura necesaria.

Hoy sabemos que la palabra es una pieza clave en todo proceso de curación. El tener y mantener una talla "de modelo" se ha vuelto un tema tan destacado que tanto la estética como la psicología, medicina y cirugía, han sido reclamadas dada la especialidad que cada una de ellas ha mostrado. También es cierto que el "espíritu del tiempo" más que condicionar nos ha determinado y en la toma de decisiones nos decantemos en la medicina o cirugía para abordar, darle solución. Pero ocurre que cuando llegamos a la fase de mantenerlo, no son pocas las veces que descubrimos con decepción la realidad. Y es que hay mucho de emoción, de antiguas creencias incrustadas en nosotros, en el origen, aumento y mantenimiento del actual peso, y solo el modelo psicológico, la palabra encierra la solución.

Es cierto que la tendencia a separar a las emociones de la ciencia, de la razón; viene de lejos. Ya Descartes hablaba del cuerpo como si de una máquina se tratase y con la llegada de la Ilustración solo a la razón le es licito dar una explicación.

Nosotros pensamos que aquellos que están sufriendo su actual esquema corporal no es simplemente por una cuestión de moda. Qué las emociones estén jugando un papel determinante en su realidad y la palabra sea el referente de su liberación, su modelo de cambio, es un hecho irrefutable.

Las herramientas están contenidas en el presente libro. Partiendo de la estimulación de las ondas Berger o Alfa a través de sofrología, creada por el Dr. Caycedo, y acompañados en cada sesión de técnicas de liberación emocional con el apoyo de Programación Neurolingüística alcanzamos la modificación requerida.

Como libro inteligente que es, todo el capítulo dedicado tanto a la estimulación de las ondas Alfa como al "Proceso terapéutico" están grabados con el fin de acompañarle en el momento que desee aplicarlos como si de una consulta física se tratara.

Confiamos le sea de utilidad, acompañándole de consulta.

Muchas gracias.

MI CUERPO YA NO ES EL MISMO
Engordar/Adelgazar.

1.1. Perder peso es fácil. Difícil es mantenerlo.
1.2. Causas.

MI CUERPO YA NO ES EL MISMO
Engordar/Adelgazar.

1.1. Perder peso es fácil. Difícil es mantenerlo.

Este libro que tiene entre sus manos lo hemos centrado a explicar las causas que avivan el por qué después de un probado régimen eficaz de adelgazamiento, algunas personas trascurrido un corto espacio de tiempo regresan a su peso anterior, acompañados de la consecuente decepción de haber fracasado y algún pequeño cambio en su esquema corporal. Vamos a exponer las causas, a presentar las herramientas para solucionarlo y los necesarios pasos a seguir para alcanzar y permanecer por siempre en su peso ideal. Esta es nuestra meta. La causa que nos ha llevado a crear ese libro.

Hemos de decir que estamos hablando de un área fascinante y compleja a la vez. En principio **perder peso a corto plazo todos sabemos que es relativamente fácil**, es un tema estrictamente alimenticio acompañado de voluntad, pero para que sea a largo plazo necesariamente debemos enfrentarnos a las causas que están produciendo ese **"efecto rebrote"**. Todos los regímenes de adelgazamiento son buenos, si no lo fueran no podrían llamarse regímenes para adelgazar. Sin embargo ¿Por qué a unas personas les va bien y a otras no tan bien? Al iniciarlos efectivamente todo el mundo adelgaza, pero ¿qué ocurre al cabo un de un tiempo? Que algunos más pronto y otros más tarde, vuelven al peso inicial, constatando como poco a poco, casi inexorablemente, sus cuerpos están volviendo a engrandecerse. Y aparece la decepción. ¿Qué ha ocurrido? Una primera lectura nos dice como al inicio el cuerpo adelgazó. En muchos casos se evidenció la perdida masa muscular. Es una de las primeras realidades. Cuando se empieza a adelgazar se libera mucha agua, hecho cotejable rápidamente en nuestra vejiga, debido a que el cuerpo dentro de su estado de trabajo ordinario, digamos vegetativo, cuando necesita energía no la coge de la grasa sino de la masa muscular. Dada que su composición mayoritaria es proteína más agua, atrapa proteína desprendiéndose del agua. Por supuesto que adelgazamos. Adelgazar mediante un régimen controlado y voluntad es sencillo llevarlo a cabo si no existe un componente corporal asociado, pero el mantener "ese peso alcanzado" requiere conocer las causas que lo provocaron.

Por ello mantener el peso alcanzado después del régimen es cuestión de encontrar las causas, conocerlas y de esta manera resolver ese nudo que impide el cambio. No seguir estos pasos es lo que nos puede llevar a que después de un régimen exitoso, pasado sesenta/noventa días, volver… Y es que, para cambiar el esquema corporal, es necesario también "cambiar nuestro esquema mental" "mudar de aires" en muchos aspectos. Imaginemos que somos una escultura. El exceso de cuerpo está haciendo sentirnos apretados, nos impide ser nosotros. No somos eso que vemos y que ven. Somos otro y urge como sea quitarnos esas piedras. Pero para llegar a lo que eres, debes permitir que se caigan esas piedras, esos kilos, los demás/usted van/va a ver quién es en realidad, y, una pregunta: ¿De verdad que está preparado mentalmente para ello? ¿Su cuerpo le está insistiendo que ya es hora? Si la respuesta es negativa mejor abandone y olvide el haber encontrado este libro. En caso afirmativo continuemos, vamos a ayudar a descubrir:

- *Importancia de las emociones.*
- *Resistencias a perder peso.*
- *Herramientas para bajar de peso.*

Cuando vemos programas donde los etólogos nos muestran a los animales en la sabana, en la selva, podemos observar que ninguno está gordo o flaco: a todos se nos antojan iguales. No es por una cuestión de hambre. Solo los domesticados son los que en algunos casos tienen alterado su equilibrio en cuanto al esquema corporal, al igual que muchos de sus dueños. Al hombre le pasa igual.

El talón de Aquiles de las dietas que hemos llevado hasta ahora no ha atendido nuestro estado anímico. En parte tiene un sentido lógico al ser tratadas en la mayoría de los casos por especialistas cuya formación se centra fundamentalmente en el cuerpo. Expertos en dietas ajustadas en una serie de elementos muy estudiados, muy probados, que nos dicen que podemos tomar o no. Alimentos arreglados en intentar cambiar nuestros hábitos alimenticios, gasto energético y que, al llevarlos a cabo, por supuesto bajamos de peso. Engordar es un efecto físico y en ello se centran. Y si al tipo de alimentación le unimos ejercicio físico, pues mejor que mejor. Pero ¿Qué pasa con las causas? Pues las causas son responsabilidad del cliente. Es parte ya no es cuestión del especialista. Si se prepuso tomar la determinación de adelgazar, fue porque sabía lo que quería. Probablemente fue así. Se le facilitó con toda la profesionalidad y experiencia lo deseado, que era bajar de peso y el resto era cosa suya. Diremos una frase ajustada al texto: *"el hombre no hace lo que quiere hacer, sino lo que tiene la costumbre de hacer"*. *"Cambiar de hábitos no es una cuestión baladí"* Cierto es que a algunos sujetos les va perfectamente una vez finalizado *"el régimen"* mantenerse en su "peso ideal", pero la realidad que es muy tozuda, nos muestra como hasta en sujetos llegados a "su peso" a través de técnicas invasivas, pasado un tiempo: todo se desmorona. No debemos perder más tiempo. Necesitamos conocer las causas, el origen, aunque sepamos que no siempre es tarea fácil, para poder después aplicar las herramientas necesarias y no cesar en los primeros intentos. No basta ser conocedor del camino para seguirlo. Por ello en nuestra opinión, entendemos que la presencia del psicólogo como experto en modificación de conducta debe ser figura necesaria. Siendo además urgente su presencia cuando el sujeto que la inicia es miembro integrante del llamado marco "Adulto Mayor". Inician la dieta y efectivamente todo es glorioso. Alcanzan el peso ideal, y en muchos casos a veces ayudado por el sedentarismo, al cabo de poco, contemplan como el cuerpo regresa justo a un peso cercano al inicio, con la peligrosa diferencia de encontrarse ahora con menor masa corporal y mayor o igual grasa, haciendo acto de presencia sarcopenia[1] y osteoporosis. ¿Qué ha ocurrido? Lo dicho, no se ha llegado a la causa, el motivo se ha quedado sin solucionar y todo ha vuelto a la normalidad "no deseada".[2]

A veces ocurre que efectivamente el cambio de esquema perdura, y así es. ¿Qué ha sucedido? Que a lo largo del proceso las causas que motivaron la realidad se han difuminado, posiblemente ha habido un cambio de escena y como consecuencia poco a poco logrado el ansiado cambio de pensamiento. Pero no siempre ocurre así, saber las causas no es tarea sencilla ni tampoco sinónimo de cambio. Modificar una conducta aun cuando sepamos que nos produce dolor no es tarea fácil. Para nada una cuestión de debilidad o pereza. Sencillamente requerimos la ayuda de un especialista con quien poder trabajar nuestro cuadro de emociones y de creencias, finiquitando por siempre todo tipo de trabas.

1.2. Causas.

Sabemos que las conductas que nos llevan a mantener un peso en una mayoría de veces las hacemos por "defensa", por lo que cambiarlas sin más ni es fácil y a veces tampoco honesto. Siempre debemos entregar herramientas y pautas para el cambio. Todas las conductas, hasta las aparentemente más absurdas y perjudiciales, se llevan a cabo porque creemos que nos van a beneficiar. Uno miente porque cree que es bueno para él. Se es

---

[1] Sarcopenia. Término acuñado por el profesor Rosenberg en 1989.
[2] Fotografía: Dr. Irwin H. Rosenberg. Profesor Universidad de Tufts. Tomada de https://nutrition.tufts.edu/profile/faculty/irwin-rosenberg

irresponsable porque se dice que lo llevado a cabo es consecuencia a la fidelidad que uno se debe a sí mismo. Se traiciona o se ocultan hechos porque el pensamiento final es que se está beneficiando, que se está en el camino. Por eso a veces, los traidores, irresponsables y hasta los que cambian de pareja terminan repitiendo con las mismas pautas de conquista y modelo si con anterioridad no han llevado a cabo su cambio necesario. No es que la vida castigue, ocurre que toda causa tiene su efecto. Por lo que modificar conductas sin más, además de ser difícil puede llegar a ser peligroso para el sujeto si antes no se le ha entregado y entrenado al sujeto en otras constadas y aceptadas conductas a su ser que le permita crecer, amarse, alcanzar sus metas; ser él.

Vamos a descubrir el/los por qué. Esos por qué caracterizados por decirse poco importantes, digamos que, de baja intensidad, en la mayoría de los casos crónicos causantes de insatisfacción, ansiedad; estrés. Porque no tienen por qué ser algo grave, tremendo. No, pero si crónico. Permanente. Que se dice "he pasado página", aceptado, pero quizás no lo suficientemente introyectado. Y no solo por problemas interpersonales, afectivos. Es, son temas que a uno le preocupa y ocupa tiempo; energía. O se dice que no le inquieta porque las cosas son así y hay que aceptarlas, o ya ni recuerda las causas, pero ahí sigue enquistado. ¿Lo ha aceptado? Lo piensa, no encuentra solución y lo deja rápido. Mira a su alrededor, ve y sigue. Se repite que cada día tiene su preocupación. Para nuestra esperanza pensamos que puede llegar la solución porque sigue preocupando. El pensamiento una y otra vez emerge requiriendo por la atención que no es otra cosa que energía. Y ahí sigue, esperando la atención necesaria de su propietario para alcanzar la solución. Guardado en su correspondiente carpeta. *"Pequeñas cosas"*. Creencias y valores abandonadas, aparcadas por un tiempo en aquel cajón junto a los sueños ya incorporados a la cartera de la imaginación. Casi todo por adaptación. Causantes muchas veces de un estrés casi apenas percibido por ser de baja intensidad, soportable a la vez y que lo hacemos propio; crónico. Para siempre.

1.2.1. Estrés.

Para el Dr. Peter G. Hanson (10) *el 80% de las enfermedades están relacionadas con el estrés. No existe por sí mismo, sino que es producido por el hombre de acuerdo a la interpretación que haga de sus circunstancias.* Un estrés que unido a los actuales hábitos alimentarios ha hecho que a nivel social el exceso de peso pase a ser tratado en algunos países como una enfermedad. Junto con la depresión, causante esta última de buena parte de las pérdidas económicas en las empresas, hoy a nivel laboral, ha superado con creces a los accidentes laborales.

Pero antes de continuar pensamos que es necesario romper una lanza para hablar del estrés. Primero decir que el estrés no es "la causa" sino una respuesta de nuestro organismo ante una realidad que requiere solución. Sin su presencia en nuestro proceso evolutivo, difícil nuestra presencia en la faz de la Tierra. Poseemos tres instintos básicos: la comida, la reproducción y la huida. Instintos básicos y necesarios. De hecho, es la comida la herramienta cardinal en la domesticación de animales salvajes; por comida hacen lo que pidas si está dentro de sus posibilidades. Sin la reproducción las especies habríamos desaparecido; y por último la huida. ¿Qué tiene que ver la huida con el peso? La huida con el peso como tal, precisamente poco, pero los mecanismos que pueden generar y ayudar a la huida, o a la determinación de no huir, sí que tiene mucho que ver.

Vamos a ello. En el interior de nuestro cerebro, en su parte central tenemos alojado el sistema límbico, un grupo de estructuras responsables de crear ante un estímulo que considera emocional sus correspondientes respuestas fisiológicas. Dirigen tanto las emociones como el comportamiento. Nada más recibir una información de peligro, aprendimos a activar el instinto de huida. Necesario correr y cuando más veloz y tiempo más probabilidad de vida, por lo que el primer elemento que necesitamos es energía. ¿Y que creó en su momento nuestro organismo? En este caso el hígado –dada su especialidad- fue y es a partir de ese día el responsable de depositar una cantidad ingente de "glucosa al torrente sanguíneo; pura gasolina para que a las extremidades nunca les faltara y no cesaran en la huida. Parar es morir. Como esta energía debe incorporarse en las células y la llave de entrada la tiene la insulina, rápidamente nuestro organismo supo crear la orden de poner en acción al páncreas para abastecerla. Por fin un pequeño ciclo de la tarea completado. Sigamos, al ser fundamental el abastecimiento de energía a las extremidades, dado que cuanta más sangre esté proveyendo a la masa muscular más velocidad y mayor resistencia al cansancio, con el consecuente aumento de probabilidad de supervivencia, las venas que asisten a las vísceras dejan de ser prácticamente abastecidas de riego sanguíneo dado que donde la sangre es vital en esos momentos es en las extremidades. Como puede ocurrir que el perseguidor de alcance, la riña o la muerte es inevitable, para ello rápidamente nuestro organismo aprendió a llevar a cabo dos pasos: el primero reducir la sección de las venas y el segundo retirar de la epidermis la mayor cantidad posible de riego sanguíneo. Con ello se consiguió que en caso de mordeduras la pérdida de sangre fuera la menor cantidad posible; otro éxito. De nuevo el hígado actúa al inyectar al torrente sanguíneo un coagulante para prevenir un derrame en el caso de una herida grave, Por último y en el supuesto de no morir en el intento, seguro son las heridas y como consecuencia infección. Alta infección. El organismo evolucionó aprendiendo a crear el más exquisito antibiótico: cortisol, hormona secretada por las glándulas suprarrenales con la suficiente potencia de dar fin a las infecciones. Este es el proceso bastante resumido de lo que el estrés provoca en el organismo. Todo un éxito para la supervivencia.

A tenor de lo expuesto es fácil constatar como el estrés participó activamente en nuestro proceso evolutivo. Nos preparó para la acción, pertrechándonos de defensas ante cualquier acontecimiento. Entonces: ¿Dónde la anomalía? No es esa la cuestión, ocurre que simplemente estamos en el siglo XXI y la probabilidad de que nos ataque un león, que tengamos que luchar y nos muerdan, es improbable a no ser que vivamos en la sabana africana, pero nuestro cerebro -no lo olvidemos- es ciego y en los Ganglios Basales, en ese reducto de nuestro cerebro emocional permanece grabado el proceso que tanto nos costó adquirir, y cada vez que vivimos una situación de contrariedad, de haber hecho el ridículo, de engaño –sí, también cunado nosotros mentimos lo generamos- que nos conduce a un escenario facilitador de producirnos ansiedad, "huida", el estrés entra en acción con su viejo programa de supervivencia, produciendo en nuestro cuerpo exactamente el mismo proceso:

- **En cuanto al hígado**, el estrés crónico, ese que ha pasado a formar parte de lo cotidiano actuando día a día, poco a poco, a muy baja intensidad, en todo momento haciendo trabajar al hígado sin descanso como respuesta a la causa que lo ha provocado, que en una primera lectura no recuerda, no la ha tratado y ya soporta como algo natural. El hígado que solo sabe que ha recibido una orden, y no deja de volcar azúcar y coagulante. Puede darse el caso de haber escuchado comentarios como "Me ha dicho el médico que tengo cirrosis. Yo que nunca he tomado alcohol".

- **En cuanto al páncreas,** no dejando de descargar insulina y son muchos los casos en que el cortisol actuando como antagonista consigue inhibir su liberación impidiendo que las células puedan recibir su necesaria glucosa. Pero sí haciendo trabajar sin descanso a este órgano.

- **En cuanto al tracto digestivo. El** sujeto se siente amenazado y como consecuencia: el sistema simpático paraliza el tracto digestivo. No es precisamente el momento más adecuado para comer. En la huida nadie en su sano juicio va a detenerse a coger un melocotón o una fresa. Como consecuencia de la paralización, el bolo alimenticio que en ese momento está en el tracto se estanca, llegándose a pudrir. Fermenta. Genera gas, con la consiguiente probabilidad de llegar a hincharse el estómago.

- **Reducción de la sección de las venas.** Contracción que lleva parejo el consiguiente aumento de la presión arterial y reducción de espacio para el flujo de alimentos.

- **Retirada de sangre en la epidermis.** Quizás puede que alguna vez haya escuchado de alguien que ha vivido una intensa situación de estrés por una noticia inesperada y desagradable, decir: "me dejo helado". Efectivamente, como que fue una respuesta del estrés: la sangre se retiró de la piel…. Y sus secuelas con independencia de cremas protectoras y regeneradoras. Si el riego es deficiente…

- **Descarga de cortisol.** El rol principal de cortisol es actuar como antiinflamatorio, pero si las circunstancias se vuelven crónicas, su permanente descarga lo que está provocando es la destrucción del sistema inmune. Las consecuencias más frecuentes de cortisol son:
  a) Pérdida de musculatura.
  b) Cambios de humor.
  c) Pérdida de cabello.
  d) Sobrepeso y obesidad.
  e) Cansancio.
  f) Trastorno alimentario.

¿Cómo bajar el cortisol? Suprimiendo el estrés. ¿Cómo suprimirlo? Encontrando las causas y resolverlas. Para el camino se aconseja:
- Actividad física.
  o Caminar.
- Relajación.
- Escuchar música.
- Alimentación saludable.
  o Evitar exceso de cafeína.

- o Cambiar hábitos alimenticios.
- o Como complemento hacemos constar dos elementos que bajan el colesterol:
  - Alimentos ricos en vitamina C.
  - Omega 3.
- Dormir bien.
- Tomar melatonina. Hormona que participa en numerosos procesos celulares y neurofisiológicos:
  - o Regula nuestro reloj biológico. Le afecta mucho la luz.
  - o Estimula la secreción de la hormona del crecimiento.
  - o Interviene regulando el apetito y producción de gonadotropinas: encargadas del desarrollo y funcionamiento de ovarios y testículos.
  - o Potente antioxidante.
  - o Mejora el sistema inmunológico, aumentando nuestras defensas naturales.
  - o Alimentos que contienen melatonina:
    - Huevos.
    - Lácteos.
    - Legumbres.
    - Frutos secos: nueces,
    - Frutas: plátanos. Cerezas.
    - Tomates.

Lo dicho hasta ahora es lo que desarrolla nuestro organismo cuando vive bajo los efectos de un estrés crónico. Pero aún falta un dato.

1.2.2. Leptina.

Aún necesitamos hablar sobre la leptina, hormona clave en los procesos relacionados tanto con el hambre como con el apetito al tener la capacidad de modificar respuestas cerebrales. Sabemos que cuando estamos saciados, hemos comido suficiente, nuestras células grasas envían leptina al hipotálamo cómo factor de control informativo de hartazgo. Cuando ingerimos comida en exceso y no las quemamos de inmediato, directamente es enviada a nuestras células grasas. Al recibir estas, la alimentación sobrante, secretan leptina que a través del riego sanguíneo va al hipotálamo, dando al recibirla, da la orden de saciedad. Quizás usted se preguntará: ¿Por qué con muchos de los obesos no funciona? La respuesta está en que bajo el efecto del estrés el cerebro no siempre registra satisfactoriamente el aviso. La Leptina permanece estancada en la sangre dificultada por el tráfico, sin poder llegar al hipotálamo, provocando una inhibición de la sensación de saciedad, al ser la leptina hormona clave en la reducción del apetito. Después de comer los niveles de azúcar suben y el hipotálamo manda una señal al páncreas para que secrete insulina, al ser esta la llave que abre las puertas de las células para que pueda entrar el azúcar y así, de esta manera obtener toda la energía que necesite o que la almacene para más adelante. Este proceso es necesario para que los niveles de azúcar en la sangre no sean excesivos.

A tenor del aumento de grasa en los sujetos obesos también es mayor en estos los niveles de leptina, en comparación con el resto. Con independencia del control de peso, aparece un nuevo motivo que nos aconsejó trabajar en este libro al ser la Leptina la hormona que también modula muchas respuestas inflamatorias y destructivas en los cartílagos. Es decir, la leptina es un candidato que vincula obesidad y artrosis, al ser un factor de degradación de cartílagos. No es en sí el exceso de peso lo que degrada al cartílago, sino la desproporción de Leptina. Efectivamente, las personas obesas están predispuestas a desarrollar artrosis no solo por la sobrecarga sino porque la leptina entre otros, contribuye a la inflamación de las articulaciones y destrucción del cartílago.

Vista la realidad, debemos decir que todo régimen alimentario, además de poder alcanzar una permanente modificación del esquema corporal, desterrando por siempre los consabidos rebrotes de pasados unos meses tener que volver a contemplar como el cuerpo poco a poco va recobrando el esquema de antaño; además de la fase alimenticia, tenemos la obligación de encontrar las causas que provocaron los llamados malos hábitos alimentarios. Conocer las claves, trabajar los por qué dando, solución al problema. Contemplando con satisfacción como el hombre revela que ya carece de esa necesidad imperiosa de seguir comiendo, "el cuerpo no se lo pide". Descubrir "lo fácil" que es decir no cuando en nosotros acampa las causas que proporcionan equilibrio, confesando a la vez con alegría que dicha respuesta para nada le ha generado un nuevo estado de ansiedad; reforzándose a la vez, totalmente de dopamina. Pleno de satisfacción al verse tomando un poco de agua o degustando un café. Constatar que uno empieza a aceptarse sin esfuerzo alguno, descubriendo la satisfacción que le está proporcionando la nueva conducta. Encontrarse mejor; hacer cuanto debe hacer sintiendo que esa afirmación le está abriendo las puertas de la armonía consigo mismo. Manifestando fuerza a medida que los problemas se van desbaratando ante nuevas pruebas. Aceptando que solo él, es el responsable de su cuerpo. Haciendo uso de la libertad mientras su cuerpo es inundado una y otra vez de oxitocina. Sintiéndose por primera vez reforzado. Agradecido por toda la salud que le está proporcionando la dopamina. Empezar a ser él, sencillamente porque percibe que acaba de tomar las riendas de su ser. Los parapetos ya no los necesita.

Si tuviéramos que poner una imagen sería de nuevo la de una escultura, una figura en la que a medida que empieza a resolver problemas, lo que implica asumir responsabilidades, la figura se mueve y empieza a desprenderse de piedras hasta aparecer lo que en esencia es: la persona que siempre fue. Tiene la figura que es. Eso es todo. De esto trata el camino que nos lleva al peso ideal.

1.2.3. Oxitocina/Dopamina.

Antes de empezar a exponer y trabajar con la primera herramienta, con las ondas que dan nombre al psiquiatra Hans Berger, y aprender con ellas los primeros pasos de modificación de conducta, no podemos pasar por alto, sin detenernos a hablar de un grupo de estructuras del sistema límbico que también influyen en el control de peso y que no son otras que las encargadas de secretar la hormonas que nos proporcionan

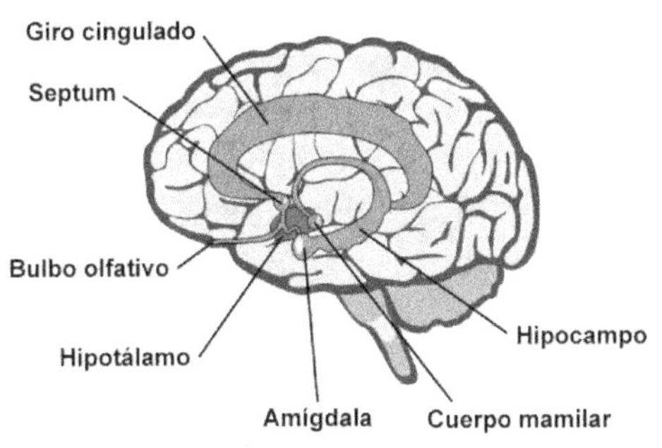

alegría, placer y recompensa. Estamos hablando de la oxitocina, dopamina y de sus correspondientes órganos que la producen: hipotálamo, glándula pituitaria y la sustancia negra ubicada en el Mesencéfalo. [3]

Cuando llevamos a cabo un comportamiento hacia otros o a nosotros mismos acorde con nuestras costumbres, valores, normas y creencias que nuestra cultura, sociedad considera buenas, aceptadas y como consecuencia puestas como modelo de conducta, todo nuestro cuerpo nos transmite una sensación de "encontramos bien". ¿Qué ha ocurrido para que sintamos satisfacción y ganas de repetir? El Dr. Paul Zak[4], profesor de la Universidad de Claremont en California del Norte, uno de los científicos que más ha trabajado sobre esta área que podemos considerar como conductas morales, pudo comprobar mediante análisis de sangre —un antes y después- que cuando llevamos a cabo

una tarea que beneficia y ayuda a nuestra maduración, incremento de responsabilidad y como consecuencia libertad, nuestro cuerpo responde secretando **oxitocina**. Constató cómo los cambios en los niveles de oxitocina se correlacionan con conductas morales, empezando hacia nosotros mismos. —*"en nuestro caso mantenimiento en la conducta deseada"*- Ante este tipo de diligencias, nuestro **hipotálamo** produce oxitocina siendo la **glándula pituitaria** o neurohipófisis la responsable de

---

[3] Gráfica tomada de https://impulsaneuropsicologia.com/sistema-limbico-y-emociones/

[4] Fotografía tomada de https://www.cgu.edu/people/paul-zak/

liberarla al torrente sanguíneo, hecho que nos permite adquirir al unísono una agradable sensación por la conducta que estamos llevando a cabo. Como podemos ver, hacer el bien "hacer lo que en conciencia debemos hacer" no es una cuestión religiosa o filosófica, forma parte de nuestro rol de vida. Es maduración. Nos proporciona valor al permitirnos aumentar nuestras características de servicio. Es un facilitador en el desarrollo de conductas morales; confiables, honradas y amables.

Pero ¿Por qué el llevar a cabo estas conductas que ahora sabemos nos producen descargas de oxitocina provocándonos sensación de bienestar, es tan fuerte como para forzar al azar, querer repetirlas hasta formar parte de una conducta? ¿Qué ocurre para que sea tan atrayente? Volviendo al Dr. Paul Zak, sabemos que la oxitocina en su recorrido excita dos zonas en el cerebro. Una de ellas el **Mesencéfalo,** lugar donde se encuentra la Sustancia Negra -*parte compacta, parte reticular*- responsable de volcar en el organismo una nueva hormona llamada **dopamina**, a la que por sus efectos la denominamos la hormona del bienestar, refuerzo, recompensa; el regalo. Cada vez que algo/alguien nos proporciona felicidad secretamos dopamina hecho que nos conduce a querer repetir la conducta. Cada vez optamos por no comer ese chocolate secretamos oxitocina. Cada vez que estamos trabajando duro y nos gusta hacerlo acorde con nuestro pensamiento; de nuevo lo hacemos. Cada vez que constatamos al vernos en el espejo y/o vestirnos que nuestra figura se sigue manteniendo "perfecta", después de finalizada la dieta llevada a cabo, la oxitocina está activando la Sustancia Negra del Mesencéfalo secretando dopamina, y es tanta la satisfacción que experimentamos felicidad. Es por ello que recibe el nombre de la hormona de la recompensa; pudiendo llegar a adquirir adicción. Estamos descargando dopamina. Nos sentimos felices, hasta con ganas de repetir la prueba. En nuestro caso es necesario apreciar esta sensación, porque si no nos sentimos reforzados es muy alta la probabilidad de desistir.

La otra zona estimulada corresponde a la Amígdala.

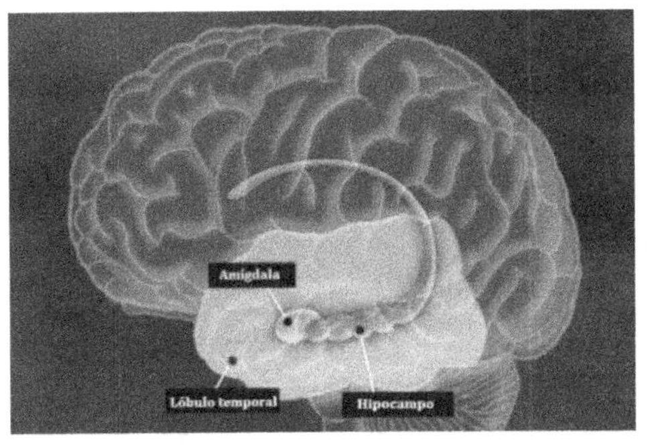

La amígdala[5] es una pequeña estructura de nuestro sistema límbico –nuestro cerebro emocional- ubicada en el **extremo del núcleo caudado**; del Hipocampo, y para el caso que nos ocupa, que no es otro que mantener el peso ideal; es clave. Es la responsable de emociones tales como: sorpresa, miedo, peligro, angustia, afecto, cariño, alegría y excitación. Integrando estas con sus correspondientes patrones de respuesta, provocan en el organismo su preparación para una réplica fisiológica o conductual. En nuestro caso seguir o no con la dieta, conducta para alcanzar nuestra nueva imagen corporal. La reacción de lucha/huida. Como intentamos explicar, es el centro de control de las emociones, pudiendo además permitir algunas inhibiciones de conducta al estar conectada al lóbulo frontal. Sus núcleos basolaterales participan en el control de la sensación de saciedad; otro punto clave. También tiene la peculiaridad de que cuando el Hipocampo, encargado de almacenar y distribuir los recuerdos -por estrés- falla y no recoge ciertos recuerdos emocionales, también es la amígdala la encargada de guardarlos. Es clave porque, aunque no tiene la exclusiva del miedo, cuando es estimulada por la oxitocina el núcleo caudado inicia una gran actividad nerviosa haciendo bloquear al peligro y miedo, reconociendo tan solo la confianza. Esto ocurre porque las redes neuronales que controlan el miedo y la confianza son las mismas. ¿Y esto que significa para el tema del peso ideal? Que la confianza y el miedo son las dos caras de la misma moneda. Es decir, *no podemos sentir confianza y desconfianza, inseguridad, miedo al mismo tiempo;* o estamos convencidos de que podemos alcanzar nuestro peso ideal o también todo lo contrario. Esto es así al no

---

[5] Gráfico tomado de http://www.aumentaty.com/community/es/pin/amigdala-cerebral-3/

disponer el ser humano de distintas redes neuronales para cada sentimiento. Lo traemos a colación, por considerarlo una cuestión prioritaria para el trabajo que vamos a llevar a continuación con la estimulación de las ondas Berger. El cuerpo provoca oxitocina, que a su vez induce una descarga de dopamina generando un refuerzo que anima a continuar al proporcionar confianza, perdida de miedo. Con lo expuesto hasta aquí hemos querido exponer los efectos que se verifican en nuestro cuerpo. La importancia de conocer aquellas pequeñas "cosas". Nuestras creencias, valores, descontentos, causas que nuestro cuerpo responde con estrés, y terminan por colaborar en la realidad corporal no deseada.

HERRAMIENTAS PARA BAJAR DE PESO

Previo.
2.1. Ondas Alfa.
2.2. Relajación.
2.3. Técnicas de liberación emocional
2.4. PNL

HERRAMIENTAS PARA BAJAR DE PESO

Previo.

Vamos a aprender a relajar nuestro cuerpo gracias a la sofrología. A experimentar como emitimos las modificadoras ondas alfa, atendiendo a nuestro organismo. A parar, quizás por segundos, una nueva/vieja "película mental". Poco a poco el tiempo de mantener la mente en blanco ira en aumento, ejercitándose en llevar a cabo visualizaciones. En este segundo paso para alcanzar el peso ideal, vamos a adentrarnos en una herramienta basada en los principios de acupuntura que acompañada con toda la estrategia que nos proporciona la Programación Neurolingüística (PNL) hará posible que usted, en todo lugar y tiempo alcance la dicha de mantener su peso ideal después de una dieta.

Debemos hacer constar que el tratar a nuestro cuerpo como un organismo no solo físico *y como consecuencia con un enfoque distinto de llevar a cabo su curación,* viene desde el principio de los tiempos. Que la enfermedad tenga un componente emocional, surgidos de nuestros pensamientos, arranca desde nuestra génesis. De hecho, lo relativamente reciente es tratar a nuestro cuerpo como un organismo exclusivamente físico y/o químico. El factor emocional, es decir; electro-magnético siempre ha estado ahí. Nuestro cuerpo también tiene una naturaleza eléctrica. Todo curso de anatomía hace referencia a ello. A veces, es al vestirnos cuando podemos comprobarlo con algunas de las prendas que al hacer contacto con nuestro cuerpo, aparece electricidad estática. Esto sería imposible si nuestro organismo no tuviera una naturaleza eléctrica. Al tocar un vaso muy caliente instantáneamente sentimos dolor gracias a que eléctricamente hemos enviado una señal al cerebro y recibido su correspondiente respuesta salvadora de evitación. Las señales eléctricas son las que fluyen constantemente a través de nuestro cuerpo para mantenernos informados de todo cuanto sucede a nuestro alrededor. Sin ellas, estarían mudos nuestros sentidos; tampoco se podría haber llegado a la existencia del electroencefalograma. Es el sistema eléctrico el que informa a la pantalla a través de su línea plana que el paciente acaba de ser recibido por la Parca. Cuando la energía deja de fluir; dejamos de existir.

Esta realidad es conocida desde hace milenios, es por ello que haciendo referencia a una frase del psicólogo Hermann Ebbinghaus[6] (1850-1909) autor del primer estudio sobre un proceso psicológico superior usando el método experimental, diremos que *"la psicología como herramienta para ayudar al hombre tiene un largo pasado, pero una breve historia"*.

Ahondando en nuestro ayer, ya Pitágoras[7] (569-475 a.C) dentro de nuestra cultura, fue el primero en crear una línea divisoria entre cuerpo y alma. *Hay algo más en nosotros que el cuerpo que vemos, tocamos y disfrutamos.*

Posteriormente, dando un paso más, Alcmeón de Crotona[8] (finales siglo VI-mediados del V a.C.) filósofo pitagórico dedicado a la medicina y fundador de la Anatomía Comparada, nos mostró como

---

[6] Fotografía tomada de https://www.biografiasyvidas.com/biografia/e/ebbinghaus.htm

[7] Fotografía tomada de https://www.biografiasyvidas.com/biografia/p/pitagoras.htm

[8] Fotografía tomada de https://www.timetoast.com/timelines/neuropsicologia-448c8670-dbd1-4474-92be-c617a1f1c066

las sensaciones, esa capacidad para detectar los sentidos, movimiento y posicionamiento de nuestro cuerpo y los pensamientos se producen en el cerebro, elementos que pueden condicionar tanto la salud como la enfermedad entre otras.

Ya empezamos a leer que la enfermedad puede contener un componente no físico. Tiempo después Demócrito de Abdera[9] (460-370 a.C.) fundador del atomismo, nos transmitió que definitivamente todos los objetos están compuestos por átomos infinitesimalmente pequeños. Solo el átomo y el vacío existen en realidad. Todo es energía, todo es magnetismo. Cierto que vemos un cuerpo, pero todo nuestro ser no

deja de ser un conjunto de millones de átomos. Un conjunto de vacío magnético.

Dando un salto en el tiempo, en el siglo XVIII el austriaco Franz Anton Mesmer[10] (1734-1815) Médico. Padre del Magnetismo Animal o Mesmerismo. -partiendo de sus principios James Braid[11] (1795-1860) desarrolló la Hipnosis- de nuevo retomo la teoría de

entender al cuerpo humano además de físico y químico, como un fascinante campo electro-magnético, atómico, el cual es atravesado por cientos de circuitos eléctricos cuajados de paquetes repletos de información para ser depositada en todas las células de nuestro organismo. Cuando una emoción –pura energía- no es utilizada

---

[9] Fotografía tomada de https://es.wikipedia.org/wiki/Dem%C3%B3crito

[10] Fotografía tomada de https://psicologiaymente.com/biografias/franz-mesmer

[11] Fotografía tomada de
https://www.buscabiografias.com/biografia/verDetalle/8409/James%20Braid

para el fin que fue creada, automáticamente pasa a refugiarse en el cuerpo, a ser somatizada y depositada en algunas de las vías de comunicación, ocasionando un auténtico sabotaje en las líneas del circuito, produciendo el consiguiente desequilibrio emocional y en la mayoría de los casos; enfermedad. Partiendo de este presente energético, magnético, Mesmer llego a la conclusión de que, restableciendo las vías de comunicación a través de liberarlas del obstáculo producido por el paquete emocional, el equilibro, la salud retornaría a la persona.

¿Cómo atrapar esa energía obstaculizadora y así, de esta manera restablecer el equilibrio y como consecuencia la salud? En sus inicios y dado que desconocía en qué circuito del cuerpo podría estar ubicado el paquete emocional, como terapia, solución, ideó la ingesta de un preparado conteniendo microscópicas virutas de hierro, las cuales una vez ingeridas, por atracción serian atraídas a la emoción contenido en la bolsa emocional somatizada. A través de todo su cuerpo le pasaba un juego de imanes que, dada su potencia, tenían la capacidad de atraer las virutas, rompiendo la bolsa energética, alcanzando de esta manera la curación. Con posterioridad, dando un nuevo paso, pudo comprobar cómo su propia energía corporal, su magnetismo manifestado a través de la palma de sus manos ya de por sí, era capaz de curar. Es por ello, que a su terapia termino por denominarla "magnetismo animal". Dejo de utilizar los imanes para dar paso a la imposición de manos y terapias energéticas, la generada por su propio cuerpo.

Recientemente ya en nuestro anterior siglo el alicantino Dr. Ángel Escudero Juan[12] (1933-) creo la Noesiología, ciencia que estudia como los efectos del pensamiento condicionan/determinan nuestra vida, desarrollando para ello la Noesiterapia o curación por el

---

12 Fotografía tomada de https://www.noesiology.com/dr-escudero-cee5

pensamiento, siendo la Psicoanalgesia su mayor aportación. Una de sus frases más significativas: *"Los pensamientos son las manos del alma que modelan la vida del hombre"*. He sido testigo de uno de "sus milagros".

Hablando de pensar, de cómo afectan nuestros pensamientos al cuerpo, de la opinión que sobre nosotros tenemos nos puede determinar. De cómo nos perturba el lenguaje interno, vamos a hablar del **Dr Masaru Emoto**[13] **(1943–2014)**.

El hombre desde tiempo inmemorial ha buscado los efectos terapéuticos del agua –saunas, balnearios, etc.- pero el concepto de *"curar"* que sobre el agua tenemos cambió en 1994, cuando el doctor Masaru Emoto empezó a preguntarse el por qué dos muestras de aguas con idéntica composición química, transparencia y pureza, presentan distintos resultados al ser aplicados dentro de un proceso terapéutico. Pregunta que le llevo a investigar sobre la variable que le faltaba que no era otra que su estructura molecular. Para ello cogió muestras de los más dispares lugares: balnearios, aguas de ríos, estanques y *Spas* urbanos, llamados así en recuerdo de SPA, localidad cercana a Lieja donde en sus baños públicos, durante los siglos que fue territorio español, los Tercios de Flandes reparaban cuerpo y espíritu. Como decíamos, a estas muestras de agua las sometió a congelación y observando los resultados a través del microscopio y fotografiarlas descubrió una estructura diferente. **El agua era la misma y sin embargo su estructura era distinta**. De la pregunta que se formuló surgió la hipótesis de que la causa podría ser debida a la capacidad del agua para adaptarse al medio, recibir información, memorizarla, y en función de ello estructurarse. Se puso manos a la obra y los resultados fueron sorprendentes. Si **al agua la sometía a**

---

[13] Fotografía tomada de
https://tn.com.ar/resizer/b5xlXTAVULgf6SG0fhKoHnkU3zw=/1440x0/smart/arc-anglerfish-arc2-prod-artear.s3.amazonaws.com/public/6744IZI26AFEPEUS7Q7BF4TG7E.jpg

mensajes positivos, la fotografía que se obtenía era blanca y de forma estrellada. Si la exposición era a **mensajes negativos, las formas se volvían atroces, predominando los colores marrones.** A tenor de esta investigación el Dr. Emoto llego a la conclusión de que nuestro pensamiento, intención y atención que colocamos reiteradamente en ese pensamiento son el alma mater de toda nuestra esencia. La atención es energía. La energía ni se crea ni se destruye; simplemente se transforma. **Nuestro cuerpo en estado adulto está compuesto por un 60%/70 %** de agua, curiosamente al igual que la superficie de nuestro planeta. Un mal pensamiento tiene el poder de destruir nuestra esencia.

La ciencia aún desconoce cómo el pensamiento puede afectar a las moléculas de nuestro cuerpo, pero la información que este fenómeno aporta nos hizo reflexionar sobre nuestra responsabilidad con nuestro organismo. Nos estamos refiriendo **al poder que poseemos de condicionarnos en una fase tan delicada como es alcanzar el peso ideal.** Porque tengámoslo presente; nuestro cuerpo es pura agua en un 60/70%. **Si nuestro pensamiento, intención, energía produce cambios en la estructura del agua y nuestro cuerpo está compuesto por un 60/70 ‰ de agua.** ¿Qué estamos transformando? Hijos como somos de una cultura tan específica, cuesta creer que un pensamiento, una palabra, la voz, o hasta el ambiente puedan cambiar las propiedades del agua, pero ¡es tan tozuda la realidad! Estamos frente a una prueba de la fuerza de la mente sobre la materia. El pensamiento actuando sobre el mundo es una auténtica magia, según confirma hoy en día la física cuántica.

Como estarán pensando, la investigación que en su momento llevó a cabo el Dr. Masaru Emoto no fue otra cosa que demostrarnos científicamente, lo que de manera empírica, desde hace años la psicología aplicada y la programación neurolingüística, hablaba sobre el lenguaje no verbal, el pensamiento y la acción. **Si queremos modificar** es condición sine qua non **creer en lo que estamos haciendo. Debemos sentir afecto, amor por nosotros mismos, creer en nosotros.**

Nuestro pensamiento negativo hacia el agua produce cambios en ella. Nuestro pensamiento hacia nuestro 70/60% de agua, también produce cambios de estructura.[14]

Como comentamos en su momento, el hombre tiene tres instintos básicos: alimentación, reproducción y huida. El malestar genera el tercero. Pero no siempre lo hace. Lo que se traduce en un estrés de baja intensidad, que puede volverse crónico dado que el motivo por el cual está estresado no lo cambia. Si a eso le sumamos ambiente, biografía y conducta, ya podemos imaginarnos el final. El estrés que como hemos comentado es uno de los mejores elementos de la evolución, se puede llegar a convertir en un elemento en nuestra contra.

Hoy, dentro de la cultura oriental con toda su historia pues hace alrededor de 5000 años que los chinos descubrieron un sistema complejo de circuitos de energía que recorren el cuerpo humano. ¿Era conocedor Mesmer de estos estadios energéticos? Estas pistas o Meridianos, como son llamados en la actualidad, forman la base de la acupuntura –*acus,* aguja y *punctura*, pinchazo– moderna, componente clave de la medicina tradicional en China, donde, según el objeto de la consulta manifestada por el paciente, al insertar las agujas en un punto de los trescientos sesenta y uno distribuidos a lo largo de los diferentes doce meridianos que recorren el cuerpo, el dolor y/o enfermedad, desaparece. Tanto la lista de los meridianos como los diferentes puntos, están normalizados por la Organización Mundial de la Salud. (OMS). Siguiendo en este sistema de circuitos también nos encontramos con la digito-presión, herramienta con la que vamos a trabajar nosotros. La ciencia nos ha mostrado como esta energía invisible al ojo humano circula a través del cuerpo. De la misma manera que no podemos ver la energía fluyendo a través de la pantalla de nuestro portátil o móvil, lo mismo ocurre con nuestro cuerpo.

---

[14] Al respecto, se recomienda ver los siguientes videos:
https://www.youtube.com/watch?v=f8DfuT70598
https://www.youtube.com/watch?v=u1ylbczYAes

Sin embargo, por sus efectos perfectamente sabemos que existe. Los sonidos e imágenes son la evidencia empírica que el flujo energético existe.

Dada la importancia de cuidar nuestros pensamientos, estos van a ser uno de los primeros temas a tratar. Lo determinante de conocernos. ¿Sabemos cuáles son nuestras cualidades? Estos ejercicios nos van a permitir coger papel y lápiz y empezar a escribir nuestros valores, nuestras metas.

> *Pensar positivamente sobre nosotros mismos ya es una forma de vencer a la obesidad.*

Importante tarea para poder a través de este camino conocer nuestros poderes. Atribuciones que en verdad tenemos. Facultades que la razón nos dicta pero que nuestro corazón a veces no comparte, de ahí que vamos a tener todo un apartado exclusivo de Programación Neurolingüística (PNL). Un primer ejemplo lo tenemos en la estima hacia nosotros mismos; en el llamado "Amor Propio" En esa admiración propia. En una primera pregunta rápidamente podemos responder, que efectivamente nos amamos, pero si nuestras creencias no están en consonancia con ello, no vamos a tener éxito, lo mismo nos pasa con nuestros kilos de más. Si creemos que:

- *"no he triunfado"*
- *"deje pasar esa oportunidad"*
- *"es que es muy difícil ser uno"*
- *"la verdad es que mis metas, mis propósitos los pase a la carpeta de la imaginación"*
- *"no estoy lo suficientemente preparado"*
- *"tengo que estudiar más"*
- *"no poseo el valor que quisiera para esta sociedad en que vivo".*
- *"soy demasiado bueno"*

En una palabra: decimos que nos amamos, pero nuestras

creencias nos repiten que no somos dignos. Que no nos merecemos y son muchas las veces que en nuestro fuero interno: tampoco somos capaces de aceptar. Estamos entrando casi sin darnos cuenta a la puerta del relativismo, doctrina epistemológica y como tal con dificultades para nuestros fines. Este trance, a veces anomalía aparece, tiene su por qué, porque "lo dejamos pasar" Hemos sido incapaces o no querido enfrentarnos. Si somos capaces de tener grabados a fuego estos pensamientos sobre nosotros mismos. ¿Qué nos podría decir el Dr. Emoto sobre cómo están repercutiendo en nuestro cuerpo? ¿Sobre todos aquellos mensajes, pensamientos concretos con los que nos juzgamos y a veces recreamos? Cómo el que no permitimos que nadie nos avasalle, nos falte, pero ¡Ay que ver como a veces no cejamos que repetirnos esas duras frases! Ahora sabemos que somos un 70% agua y tenemos un poder que no siempre hacemos uso de él y del que vamos a aprender: el poder de aceptarnos, perdonarnos, obtener la enseñanza y continuar. Para nada volver a la vista atrás. Recrearnos en aquello que fue. Puro pasado que no nos pertenece. Nos olvidamos que, si queremos crecer, madurar, primero debemos aceptar lo que fue, para después poder perdonar y madurar. No es difícil, pero usted lo va a logra antes de finalizar este libro con las herramientas que le vamos a presentar y poner en práctica. Cuantas personas a nuestro alrededor vuelven a cumplir cada año sus veinte años. Algunos llegando a morir sin rebasar esa edad mental. Toda su vida sin poder haber superado pruebas. Aquellas responsabilidades, aquel reconocimiento, aquella forma de huir tan exquisitamente canalla. Repitiendo que todos le pisan, mientras no deja de ser alfombra. Reproducciones sin haber podido ascender un nuevo peldaño en su proceso de maduración. Somatizando en su cuerpo todas esas emociones, ocultándolas en su cuerpo mediante el engrandecimiento en su esquema corporal.

Para que un pensamiento sea reiterativo es necesario prestarle atención. La atención al ser energía, entre otras, carga a ese pensamiento hasta el extremo de crear una emoción con la energía suficiente para llevar a cabo una acción. Cuando la acción no se lleva a cabo toda la energía es somatizada hecho que produce en el organismo enfermedad. Podemos afirmar que "toda enfermedad tiene un origen emocional" "cada órgano dañado responde a una emoción. Es decir, que si el pensamiento reiterativo, creador de la emoción se transforma en acción, acabamos de resolver una tarea. El problema y como consecuencia el desequilibrio, llega cuando la acción no se ha llevado a cabo, es somatizada y aparece la culpa, la ira, y el victimismo entre otros. Es por ello que vamos a utilizar el aprender a aceptarnos, perdonarnos utilizando las herramientas que aportamos en este manual. Así que volvamos a nuestro campo magnético, pues partiendo de él, vamos a trabajar nuestras terapias.

2.1. Ondas Alfa.

Todo cerebro produce una serie de impulsos eléctricos a diferente frecuencia que transitan a través de nuestras neuronas, a los que denominamos ondas cerebrales, asignadas con los nombres: Alfa, Beta, Theta y Delta. En el caso que nos ocupa nos vamos a centrar en las denominadas Ondas Alfa -rango de 8/14Hz- u ondas Berger en honor al psiquiatra Hans Berger[15] (1873-1941) descubridor de la electroencefalografía en 1929.

Berger comprobó como las ondas Alfa son originadas en el lóbulo occipital cuando se cumplen los siguientes requisitos:

- Estar despiertos.
- Ojos cerrados.

---

[15] Fotografía tomada de https://www.biografiasyvidas.com/biografia/b/berger.htm

- Estado de relajación.
- Y si incorporamos toda nuestra intención las apremiamos.

Al emitirlas, nuestro cerebro se vuelve más receptivo a todo cuanto escucha. La mente reduce considerablemente la emisión de pensamientos, permitiéndonos abrir la puerta a nuestro inconsciente y entrar en el necesario estado de reprogramación en el que vamos a trabajar: creencias, bloqueos que nos impiden mantener nuestro cuerpo ideal *y modificación de conducta alimentaria* entre otras. Manteniendo este estado podremos introyectar a través de la visualización nuevas formas de llevar a cabo nuestro régimen alimentario, al permitirnos tener acceso al inconsciente, lugar donde almacenamos absolutamente toda la información. Estar en estado de ondas Alfa nos ayuda a llevar una reprogramación de forma consciente. Los efectos beneficiosos que produce en nuestro organismo este tipo de ondas son los siguientes:

1. Activa el sistema inmunológico.
2. Equilibrar la tensión arterial.
3. Estabilidad emocional.
   - Humor.
4. Relaja cuerpo y mente.
   - Dolores de cabeza.
5. Reduce ansiedad y estrés.
6. Facilitador de conductas deseadas.
7. Optimiza el ciclo de sueño.
   - Descanso más profundo.
8. Conocimiento.
   - Incremento en el aprendizaje.
9. Aumento de memoria y capacidad de concentración.
10. Retención de información del inconsciente.
    - Resolución de problemas cotidianos.
    - Creatividad.
11. Superior oxigenación.
12. Aumento del nivel de energía.

2.2. Relajación

Cómo herramienta de activación y mantenimiento de las mismas, vamos a utilizar los principios de Sofrología, herramienta creada por el neurólogo y psiquiatra Dr. Alfonso Caycedo Lozano[16] (1932-2017).Su práctica diaria nos va a permitir hacer de ella un facilitador; difuminando aquellos pensamientos negativos que bloquean nuestro progreso, lastran todo proceso modificador, obstaculizando el ansiado cambio.

La sofrología como herramienta a utilizar, va a actuar como facilitador de cuantos objetivos nos propongamos al ser a través del estado de relajación, ojos cerrados y estar despierto cuando nuestro cuerpo emite ondas Alfa, como bien pudo comprobar el Dr. Hans Berger. Por ello a tenor de nuestra experiencia aconsejamos su necesaria incorporación en el proceso de implementar cambios. Con su práctica podemos adquirir cuantos beneficios hemos descrito.

Pautas.

El ejercicio que a continuación vamos a exponer es el primero de la serie. Como herramienta vamos a utilizar sofrología. Decir que la relajación es una herramienta clásica en psicología que los profesionales utilizamos en distintos tipos de intervención. Su difusión y demanda ha llegado de la mano del malestar psicológico que los actuales modelos de vida -estrés, ansiedad y prisa- siendo necesaria para el control de las emociones. La tarea que vamos a realizar, va a consistir en una serie de estrategias de activación mental y ejercicios respiratorios que nos van a facilitar

---

[16] https://www.colegiomaslow.edu.co/wp-content/uploads/2017/09/Dr-Caycedo.jpg

la toma de conciencia de nuestro cuerpo, acompañado en todo momento de una experiencia consciente de bienestar, calma y seguridad. La relajación es un estado que libremente buscamos con la intención de descubrir niveles de alegría, felicidad y paz, y a partir de ese nuevo estado; actuar. Modificar.

Iniciamos.

Nos sentaremos en una silla de respaldo recto, el cuerpo erguido, si tenemos dificultad en sentirnos descansados, con el fin de que nos sirva de apoyo y guía lo haremos justo pegados al respaldo. Retirará gafas si lleva, depositándolas en un lugar seguro y cercano. Mirada al frente y manos boca abajo apoyadas sobre los muslos. Con los ojos cerrados nos concentraremos en nuestra propia respiración; respiración tranquila y suave, sintiendo como entra y sale del aire de nuestros pulmones, estómago/vientre, según tenga por costumbre. Concentrado en nuestra propia respiración, sintiendo como fluye el aire. Si queremos descansar un poco después de una espiración mantendremos unos segundos parado este ciclo centrados en observar y "sentir" nuestro cuerpo. Todo sin forzar, tan solo intentando estar presente en lo que hacemos. Volvemos a retomar aire, lo expulsamos y, así, en este estado consciente de respiración, permaneceremos a lo largo de tres/cuatro respiraciones completas.

Mientras vivimos en presente fluir el aire, empezaremos a centrarnos en las distintas partes de nuestro cuerpo. Nos iniciamos en **la frente,** fijando en ella nuestra atención. Como la atención es energía -que ni se crea ni se destruye, simplemente se transforma- posiblemente empezaremos a sentir una tenue sensación de hormigueo en el frontal. Prurito que con la práctica irá en aumento. Nos recreamos en ello mientras respiramos. Pasadas tres/cuatro respiraciones completas trasladaremos nuestra atención al **resto de nuestro cerebro: prefrontal, parietales, occipital.** Tres/cuatro respiraciones completas y nos trasladamos a los ojos. Primero en el **ojo izquierdo**; ceja, pestañas, recorremos todo el esfínter mientras empezamos a percibir como responde a nuestra energía. Nos recreamos en ello –tres/cuatro respiraciones completas – y pasamos al **ojo derecho**; de nuevo ceja, pestañas, esfínter, dejándose vivir el momento por la impresión que recibe. tres/cuatro respiraciones y centramos nuestra atención en **los dos ojos** de manera simultánea. Tres/cuatro respiraciones completas y pasamos a la **nariz,** prestando atención a como incorporamos y expulsamos el imprescindible aire. Tres/cuatro respiraciones completas y pasamos a nuestra **boca.** Pondremos atención en las encías. La atención despertando a las glándulas salivares, secretamos saliva. Experimentamos ese estado; respuesta biológica positiva como dice el Dr. Ángel Escudero. Tres/cuatro respiraciones. Pasamos al **cuello,** fuerte musculo, esternocleidomastoideo, que a lo largo de todo el día mantiene erguida nuestra cabeza. Garganta. Realizamos una vuelta completa, dejándonos llevar por todo conjunto de percepciones. Nos trasladamos al **hombro derecho**, distinguimos todo cuanto quiere manifestarnos esta parte de nuestro cuerpo dónde tantas tensiones acumulamos, pasamos al hombro **izquierdo**, repetiremos protocolo. Permanecemos tres/cuatro respiraciones completas y pasamos a atender a las extremidades superiores empezando por el **brazo derecho** hasta llegar al codo. Descubrimos el juego de matices que nuestro cuerpo responde al hecho de centra nuestra atención. Siempre manteniendo la cadencia de tres/cuatro respiraciones completas, pasamos al **antebrazo**, transitamos su área hasta la muñeca y pasamos a la **mano**: palma, dedos. Mientras sentimos el prurito que transmite la mano, poco a poco nos vamos centrando en la punta de los dedos. Recogemos la impresión general que nos está generando la mano y poco a poco, lentamente vamos percibiendo como se nos está volviendo pesada la mano. Cada vez más pesada. Nos pesa mucho la mano. Mientras sentimos esa apacible pesadez –tres/cuatro respiraciones- nos trasladamos al **brazo izquierdo** dónde repetimos el mismo proceso. Recorrido hasta el codo dejándose disfrutar de toda la grandiosidad de respuestas. Siempre abiertos, atentos a la información que todo nuestro cuerpo transmite. Bajamos al **antebrazo**, concentrados en el juego de señales que nuestro cuerpo trasmite, pasamos a la **mano izquierda**; palma, dedos. Sentimos la pesadez de la mano. Cómo cada vez nos pesa más la mano -tres/cuatro respiraciones-. En este sugerente estado deslizamos nuestra atención **al pecho**, reconociendo su rica gama de matices con las que se quiere comunicar. Sentimos el diafragma. Pasamos al **estómago, vientre**. Lugar de nuestro cuerpo donde más neuronas acumulamos después del cerebro; sentimos cuanto quiere transmitirnos. Tres/cuatro respiraciones y fijamos la atención en nuestra **pierna derecha;** recorremos toda esa larga extensión que representa el fémur, extremidad más larga de nuestro cuerpo. Percibimos nuestras manos sobre él, su presión sobre la silla. Toda esa dulce gama de matices que se están produciendo en ese momento. Deslizamos nuestra atención a la **pantorrilla,** nos detenemos en los gemelos, los sentimos. Bajamos mientras percibimos cuanto sentimos al tobillo. Llegamos al **pie,** sentimos la presión de nuestro zapato. Nos recreamos en ello. Pasamos a los dedos y nos detenemos para escucharlos. Tres/cuatro respiraciones completas. Llegó el momento de recorrer el **muslo izquierdo**. Sentimos su prurito. De nuevo el peso de nuestra mano y la presión sobre la silla. La carga de energía que representa estar presente con toda nuestra atención. Pasamos a la rodilla para adentrarnos en la **pantorrilla.** De nuevo encontramos a nuestros gemelos, descendemos lentamente hasta el tobillo. Pasamos al **pie.** Apreciamos la presión de nuestro zapato, empeine, dedos.

No hay que impacientarse si en esta primera sesión nos cuesta percibir esta respuesta de nuestro; natural que así sea. Será su práctica, hábito lo que hará que poco a poco a través de la atención, consigamos dominar definitivamente este fascinante camino de salud y bienestar.

Respiramos profundamente y mientras espiramos nos dejamos sorprender escuchando los latidos de nuestro corazón. Una sensación de paz y de tranquilidad inunda nuestro cuerpo; nos sorprende como nuestro rostro nos acompaña con una sonrisa. La respiración se ha vuelto tranquila y suave. Podemos intentar suspender la respiración por unos segundos si el cuerpo lo requiere. Inspiramos de nuevo; espiramos, inspiramos, espiramos…. Permanecemos recreándonos en nuestra propia respiración. Si necesitamos una respiración profunda; hagámosla. Toda nuestra atención solo para nuestro cuerpo. Vivamos este presente. Presencia, a esa capacidad de estar conectados con nuestra conciencia; con lo que somos; realidad que al ser consciente nos genera energía. Decimos no a todo pensamiento intrusivo. Suspendemos cualquier película que la mente nos quiere regalar. Estamos disfrutando de una experiencia única.

Percibimos la paz de haber desconectado el cuentacuentos, regalándonos este retazo de felicidad. Llenamos nuevamente de aire nuestros pulmones. Sentimos todo nuestro cuerpo; conscientes de nuestra presencia. Del aquí y ahora. En estos momentos si nos conectaran unos electrodos a nuestro cerebro observaríamos nuestra emisión de ondas Alfa, las comentadas ondas de modificación de conducta. Permanecemos por unos minutos en este estado mientras nos vamos adentrando a un nuevo estadio. A visualizar una imagen de la naturaleza, bien sea campo o playa; solo visualizar naturaleza, sin figuras humanas. El lugar que nos guste: aquella imagen quizás de donde fuimos dichosos. Un recuerdo hermoso quizás donde nos gustaría volver a estar. Ahora, con esa imagen en mente nos incorporamos a ella. Nos observamos recreándonos en nuestra imagen y nos aceptamos. Puede, por ser la primera vez de llevar a cabo este ejercicio, presentarnos alguna dificultad. No hay por qué preocuparse si este es el caso; a todos nos ha ocurrido. Se resuelve con insistencia. Lanzamos una nueva dosis de energía a nuestra atención. Así permanecemos, alegrándonos en la imagen. Nos observamos con amor, reconociendo ese maravilloso estado de tranquilidad. Insista en recordar una escena en donde fue dichoso. Experimente ese estado. Ahora, si es nuestro deseo incorporemos a más personas. Alcanzado el objetivo nos prepararnos para finalizar la sesión, para ello moveremos los dedos de los pies, después los dedos de las manos, los músculos de la cara; tres partes importantes de nuestro esquema corporal y ahora, cuando quiera; abra los ojos.

Este ejercicio debemos repetirlo todos los días y a ser posible a la misma hora con el fin de facilitar la adquisición de hábito. Pasada una semana, iremos incorporando cuantas imágenes dichosas deseemos. Visualícenoslos. Vivamos durante unos minutos la escena a modificar. Veámonos. Insistamos. Acaba usted de cumplimentar la primera herramienta del cambio. Nuestra más sincera enhorabuena.

Repasemos: sentados, erguidos, centrados la atención en las siguientes partes del cuerpo:

1. *Frente.*
2. *Prefrontal.*
3. *Parietales.*
4. *Occipital.*
5. *Ojos.*
6. *Nariz.*
7. *Boca.*
8. *Cuello, hombro.*
9. *Brazo derecho.*
10. *Antebrazo.*
11. *Mano.*
12. *Brazo izquierdo.*
13. *Antebrazo.*
14. *Mano.*
15. *Pecho.*
16. *Estómago.*
17. *Vientre.*
18. *Muslo derecho.*
19. *Pantorrilla.*
20. *Pie.*
21. *Muslo izquierdo.*
22. *Pantorrilla.*
23. *Pie.*
24. *Visualización.*
25. *Paz, tranquilidad*

Dado el potencial de esta herramienta y con el fin de que esta práctica diaria se convierta en hábito, recomendamos que sea ***"ahora"*** el momento de dedicar un tiempo a confeccionar el programa. Planifiquemos el espacio a reservar para empezar los ejercicios: lugar, día, hora, y si nos viene mejor realizarlo por la mañana, tarde o noche. Tomada la decisión, el siguiente paso es saber ¿Dónde?, ¿en qué estancia?, debemos recordar que debe ser un lugar ventilado, temperatura media, con poca luz y a ser posible sin ruido. La práctica de estos ejercicios nos va a ayudar no solo a alcanzar el peso ideal sino también a mejorar nuestra calidad de vida, aumento de autoestima y resolver problemas de manera satisfactoria; realidad que también va a repercutir en el bienestar de cuantos nos rodean.

2.3. Técnicas de Liberación Emocional.

Comentamos que la ciencia médica oficial tiende a enfocarse en la naturaleza físico-química del cuerpo, y no ha puesto mucha atención en estos flujos sutiles pero poderosos. La realidad es que existen, y cada día son más los investigadores atraídos por sus efectivos resultados. Psicólogos, médicos y terapeutas, están investigando en la utilización de este vital sistema eléctrico-energético para ayudar en la curación física, a la par que las

librerías, desde sus estanterías se colman de obras sobre técnicas energéticas para promover una buena salud física a tenor de la creciente demanda social. Por ello y dado que es objeto de nuestro tratamiento a seguir, vamos a empezar por hablar de la experiencia en la movilización de esta energía para la solución de problemas, llevada a cabo por el Dr. Roger J. Callahan, PhD.[17]

Fundador y creador de las Técnicas Callahan Terapia del Campo Mental, psicólogo clínico, graduado de la Universidad de Michigan, que recibió su Doctorado en psicología clínica en la Universidad de Syracuse. Profesor en la Universidad de Michigan y la Universidad de Syracuse. Investigador y Psicólogo Clínico de la Escuela de Entrenamiento en el Condado Wayne de Michigan y actual miembro de la Academia Americana de Psicoterapeutas para el tratamiento de la adicción. El Dr. Callahan es Presidente de la Junta de Profesionales de la Asociación para la Terapia del

---

[17] Fotografía tomada de http://www.terapiadelcampomental.com/quienes-somos.php

Campo Mental.

En 1980 al Dr. Callahan se presentó un cliente que padecía una intensa fobia al agua a la vez que sufría frecuentes dolores de cabeza y pesadillas aterradoras mientras pensaba en su miedo a introducirse en una piscina. Inicio el tratamiento utilizando medios académicos sin éxito. Un día, yendo más allá de los límites normales de la psicoterapia y a tenor de la persistente queja de su cliente respecto de una incomodad estomacal, decidió estimular con las puntas de sus dedos debajo de los ojos de su cliente, sobre el pómulo, justo en el punto de inicio del Meridiano del Estómago según la medicina tradicional china

Al finalizar la sesión y para su sorpresa, este anunció que su fobia había desaparecido. Su miedo, dolores de cabeza, todo se había evaporado; incluyendo las pesadillas. Nunca volvió a tener molestias. Había quedado totalmente libre de su aversión al agua. El mismo se quedó sobrecogido por el resultado de este tipo de intervención, al ser inauditos en el campo de la psicoterapia, aunque tenía amplias referencias de ser comunes en la acupuntura y demás terapias energéticas. Siguiendo al Dr. Callahan vamos a explicar esta terapia fóbica en términos emocionales; energéticos, que le determinó a avanzar e investigar sobre este tipo de tratamiento. Es una de las herramientas que vamos a utilizar y como consecuencia pensamos debemos explicar.

Cuando el cliente estaba experimentando miedo, la energía que fluía por el Meridiano de su estómago fue interrumpida a causa del sabotaje producido en dicho meridiano, provocando un desequilibrio energético, una intensa alteración emocional. Al estimular con sus dedos el punto debajo de sus ojos, ¿Qué es lo que hizo? empezar a enviar impulsos a través del meridiano, cuya energía disolvió el paquete energético, permitiendo de esta manera reanudar la circulación; volvió el tráfico en ese meridiano a su estado natural. El paquete energético saboteador que en su "memoria" contenía las causas de su miedo, al ser difuminado, equilibro el meridiano, desapareciendo la turbación. Cada vez más presente está Franz Antón Mesmer.

Ahí es donde reside la información más poderosa. No son las causas las que provocan los trastornos energéticos. No es el *"problema tal"* lo que provoca que se abra la nevera y se empiece a comer mermelada. Examinemos el enunciado del descubrimiento con más detalle. En la psicoterapia convencional el recuerdo de una experiencia traumática produce una emoción negativa. La conexión de recuerdos traumáticos con emociones negativas es un concepto fundamental. Por ello en algunos programas se suelen tratar "los recuerdos" y en el proceso se le pide al cliente que los reviva. En la terapia emocional se respeta la memoria. Su enfoque terapéutico se centra en el trastorno causado en el sistema energético del cuerpo.

Para el Dr. Callahan, las personas no necesitan revivir "dolorosamente los detalles", ya que no es la causa directa del problema. Solo en contados casos se le puede pedir que recuerde brevemente su molestia. No hay necesidad de alimentar el dolor.

La pieza que aporta el Dr. Callahan es el paso intermedio

En el procedimiento hay un paso intermedio entre el iniciar a recordar y el trastorno emocional. Ese paso es la perturbación que se produce, el sentimiento que experimentamos en el sistema energético del cuerpo. Es la interrupción que se ha producido en el circuito. Ese paso intermedio es el que realmente "es el problema". Tomemos nota:

> *Si el recuerdo no causa un trastorno en el sistema energético del cuerpo, es imposible que ocurra una emoción negativa y como consecuencia la necesidad de bajar la ansiedad a través de la ingesta.*

Una persona puede haber tenido un accidente con su coche, y con solo recordarlo, es tal el trastorno que puede llegar a sentir, que en esos momentos su decisión más firme consista en no volver a conducir. Mientras que otra, ante exactamente el mismo evento, el recuerdo no le genere trastorno alguno, a lo sumo una toma de prudencia o cualquier otra reflexión para que el accidente no se vuelva a repetir, pero para nada dejar de conducir. Esta es la razón por la que a algunas personas se sienten alteradas por sus recuerdos y otras no.

Teniendo en mente lo anteriormente dicho, es fácil constatar cómo el método de "tratar los recuerdos" no es efectivo. Es una terapia enfocada al primer paso haciendo caso omiso del segundo.

La causa se encuentra en *"el trastorno energético"*. Si nos enfocamos en el segundo paso en lugar del primero, acompañándonos de las herramientas en las que usted va a ser instruido y entrenado -*"digito presión y palabras clave tomadas de la Programación Neurolingüística (PNL)"-*, el sistema energético queda equilibrado y la calma interna remplaza a la emoción negativa. El resultado es un rápido restablecimiento, al estar dirigida toda la terapia a la verdadera causa: *al trastorno energético*. Esto es lo que sucede con la terapia en la que usted va a ser entrenado.

La CAUSA de todas las emociones negativas es un TRASTORNO en el SISTEMA ENERGÉTICO DEL CUERPO.

En estas causas están incluidas **todas las emociones que nos llevan a engordar y resistencias a perder peso**. Y es que todas estas emociones provocan un desequilibrio eléctrico en el cuerpo. Observemos que, si *"la perturbación en el sistema energético del cuerpo no ocurre"*, el trastorno es imposible. En otras palabras, si el recuerdo no causa un trastorno en el sistema energético del cuerpo, la emoción negativa no puede ocurrir.

Para llevar a cabo la terapia que vamos a implementar a partir del tributo del Dr. Callahan, vamos a hablar de la valiosa aportación llevada a cabo en el campo terapéutico por el Ingeniero de la Universidad de Stanford, Gary Craig (1940-) (12) creador de las **Técnicas de liberación Emocional (EFT).**

Partiendo de lo afirmado por el Dr. Roger J. Callahan y al igual que él, un convencido de que nuestro cuerpo tiene una naturaleza eléctrica y que la causa reside en un trastorno del sistema energético del cuerpo. Su genial aporte ha consistido en un concienzudo estudio de los doce meridianos y sus correspondientes trescientos sesenta y un puntos con los que trabaja el Dr. Callahan, estudiar todas sus intersecciones, y con ellos crear lo que ha denominado su *"Receta Básica"* (**RB**) Gracias a Gary Craig, ya no es necesario ejercer digito-presión sobre uno o más de un meridiano concreto en función de la alteración emocional que ha provocado nuestro cambio de esquema corporal; ahora, con estimular solo los puntos de su *"receta básica"*(RB), podremos solucionar *cualquiera de las emociones que nos llevan a engordar y resistencias a perder peso.* Ya no puede haber error posible, ni necesidad de tener

presente los doce meridianos, cómo tampoco tener localizados los trescientos sesenta puntos para trabajar sobre ellos, en función de la problemática a solucionar. Este es el gran avance proporcionado por **Gary Craig**[18]**,** a cuya creación bautizó como *Emotional freedom techniques.* EFT. "Técnicas de liberación emocional", y que usted va a experimentar.

Ejerciendo presión con los dedos sobre los puntos concretos de intersección de los numerosos meridianos energéticos podemos liberar todo emoción somatizada. Esta es la Receta Básica (RB) para la libertad emocional. En tratar a la emoción

---

[18] Fotografía tomada de https://i.ytimg.com/vi/1wG2FA4vfLQ/hqdefault.jpg

como una energía enquistada y no como una historia personal no asumida, con problemas, fracasos y resentimientos. A través de la estimulación por digito presión en los puntos que se exponen en la Receta Básica (RB), nos va permitir volver al *natural equilibrio energético de salud física y psicológica, destruyendo razones y resistencias para alcanzar el propio esquema corporal.* Esto es así porque el patrón correcto de conducta ya está en el sujeto. Gary Craig con su aportación tan solo busca liberar la tensión energética de nuestro cuerpo. Cuando el sistema ha sido restaurado, el cuerpo recupera su funcionamiento natural que no es otra que el equilibrio. Por lo tanto, dado que la causa de todas las emociones negativa corresponde a un trastorno en el sistema energético del cuerpo ¿Cuál es nuestro objetivo a alcanzar a través de las técnicas de EFT?

a) Desbaratar la emoción "desconocida" que permanece enquistada en el cuerpo.
b) Hacer circular la energía colapsada en los canales bioenergéticos.
c) Permitir al cuerpo bioenergético recuperar su funcionamiento natural, activando su poder de auto regeneración y auto equilibrio, haciendo desaparecer esos "kilos de más/menos".

2.3.1. Receta Básica. (RB).

Nuestro propósito es que usted pueda mantener su peso ideal una vez finalizada la terapia Para ello vamos a equiparle de instrumentos capaces, fáciles de ejecutar, y que una vez memorizados sus pasos, pueda llevar a cabo la estimulación de los mismos acompañados de las palabras clave basadas en la **Programación Neurolingüística (PNL)**. No le va a ocupar más de un minuto. Aunque la forma de actuar sobre ellos junto con la palabra, la vamos a desarrollar en el tercer capítulo correspondiente a Terapia. Consideramos conveniente su familiarización con los mismos. Como libro inteligente que es, también nos tiene a su disposición, acompañándoles con la palabra a lo largo de toda la terapia. En momento que desee iniciarla, no tendrá más que conectarse al enlace y seguir en "audio" todos y cada uno de los pasos que debe llevar a cabo y que también previamente ha leído. Lo podrá llevar a cabo tantas veces como lo desee. Ahora, siguiendo los puntos de la Receta básica (RB) vamos a llevar a seguir los pasos de: ***preparación, afirmación y secuencia***.

Mientras estimulamos los puntos utilizaremos palabras clave según los principios de la Programación Neurolingüística. (PNL). A continuación, le mostramos los puntos a estimular mediante digito presión:

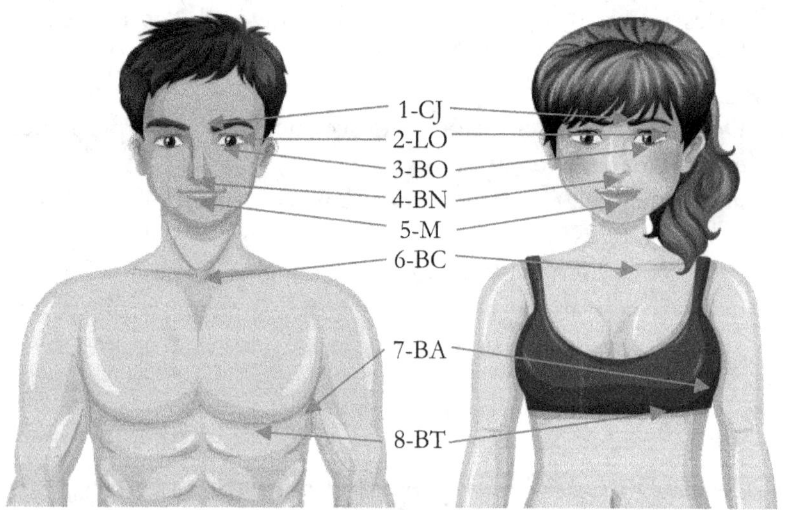

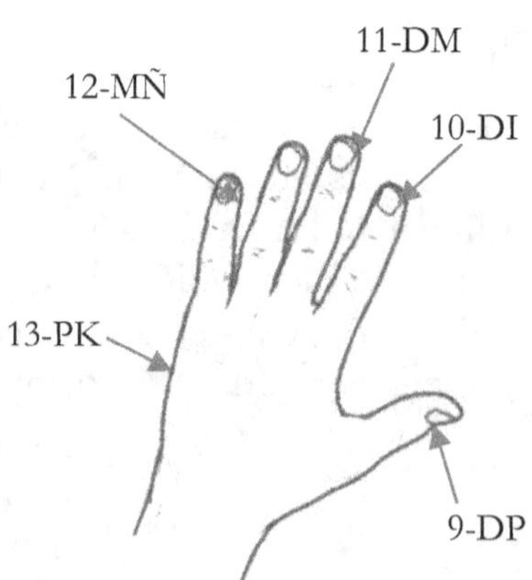

		RECETA BÁSICA
1	CJ	Al principio de la ceja, justamente encima de ella y a un lado de la nariz.
2	LO	En el hueso junto al rabillo del ojo. Este punto está abreviado.
3	BO	Debajo del ojo, sobre el hueso del pómulo.
4	BN	En el área pequeña debajo de su nariz, sobre el labio superior.
5	M	En el mentón, bajo el labio inferior, en la depresión que forma la barbilla.
6	BC	Él punto en dónde se encuentran los huesos del inicio de la clavícula y la primera costilla.
7	BA	En el costado del cuerpo, a la altura de la tetilla.
8	BT	Para los hombres, 5 cm. debajo la tetilla. Para las mujeres, dónde la piel del seno encuentra el muro del pecho.
9	DP	Al exterior de su pulgar en la base de la uña. Este punto está abreviado.
10	DI	Al lado de su dedo índice (el lado frente a su pulgar) en la base de la uña.
11	DM	Al lado del dedo medio (hacia el pulgar) en la base de la uña.
12	MÑ	Al interior de su meñique (el lado más cerca de su pulgar) en la base de la uña.
13	PK	El último punto es el Punto Karate. Está ubicado en medio del cojín del costado de la mano entre la cima del hueso de la muñeca y la base del meñique. Las abreviaciones para estos puntos están resumidas abajo en el mismo orden que se dio arriba.

2.3.2. Preparación.

Pasamos a continuación a exponer su "mecánica" para una

vez aprendida pueda usted desbaratar **emociones y resistencias**, aunque en el momento de llevar a cabo el proceso terapéutico será cuando a la vista de todas las herramientas tendrá a su alcance todo su significado. Nuestra pretensión en estos momentos es que usted se pueda familiarizar con estos instrumentos, a la par de ir experimentado sus primeros cambios.

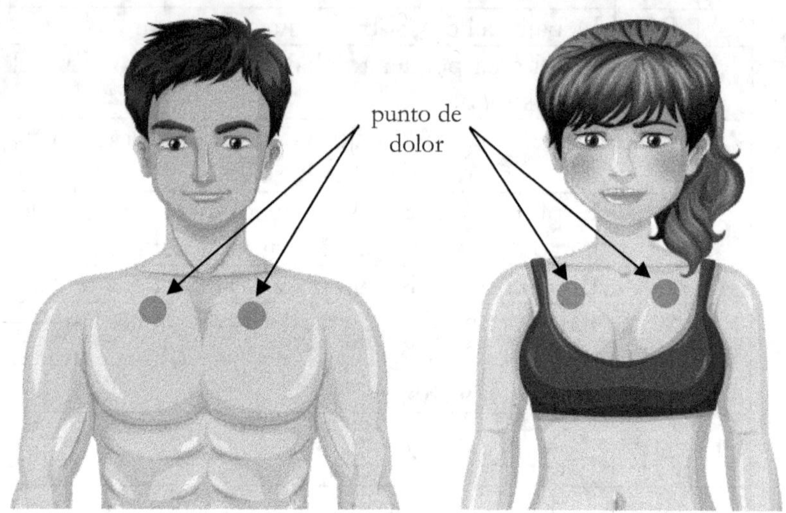

Utilizando el dedo índice y corazón, acariciará su *"punto de dolor o punto sensible al tacto"*. Este lugar se encuentra situado —adjuntamos un dibujo para ayudar a su ubicación- en el área del pecho, en su parte alta, bajo la clavícula. Lo encontrará fácilmente como sigue: partiendo de la base de la garganta, encontrará una depresión en forma de "U" encima de su esternón. Si ya tiene colocados sus dedos dentro de esta depresión, baje (aproximadamente 10cms.). Ahora debe estar en la porción izquierda (o derecha) superior de su pecho. Si presiona en esa área, encontrará un *"Punto De dolor"*. Este es el lugar que necesitará frotar mientras repita la afirmación. Este punto causa dolor cuando lo frotas vigorosamente, porque representa la congestión linfática. Después de algunas rondas, la congestión se dispersa, el dolor desaparece pudiéndolo frotar sin sentir incomodidad. No es cuestión de estar sintiendo dolor fuerte e intenso al frotar este punto. No debe causar incomodidad alguna. Si fuera el caso o alguna razón médica le aconsejo qué no debe hacer presión en ese lugar específico, puede cambiar al otro lado. En caso de alguna duda, rogamos consulte a su terapeuta o póngase en contacto con nosotros a través de su correo electrónico, aunque también debemos informarle de que todo circuito esta duplicado, por lo que en el momento que lo desee puede trabajar tanto en su sector derecho como izquierdo. Inclusive si por ello siente una mayor seguridad, puede llevar a cabo la digito presión de los puntos correspondientes a la receta básica (RB), estimulando al unísono los dos sectores tanto izquierdo como derecho.

Iniciada esta nueva forma de acariciar el punto de dolor, mientras centra toda su atención en su cuerpo, no tardará en percibir como su mente empieza a entregarle episodios, razones y resistencias que le están impidiendo mantener su peso ideal. También pueden aparecerle situaciones que directamente no relaciona. Ahora no se pregunte ni razone; limítese a sentir. No importa si la imagen corresponde a hace años. A un acontecimiento pasado, que para nada lo considera importante. Recuerde que, si se lo acaba de entregar su mente, es una emoción enquistada, importante. En su interior ella lleva una carga energética cubierta de memoria. Solo lo "no importante" no aflora. La mente no puede entregar escenas sin carga emocional. Acepte lo recién llegado y determine su nivel de intensidad. En una escala Likert -0 a 10- siendo "10" el peor estado y "0" sin problemas, pregúntese el nivel de intensidad que le genera ¿Cuánto le molesta? También puede llevar esta operación estimulando su otro punto al que llamamos "punto amistoso". Lado/canto de la mano. También llamado Punto Karate, aunque a nivel de "duelo" aconsejamos el "punto de dolor".

El Punto Karate (PK) está ubicado en el centro de la parte carnosa del exterior de su mano (cualquiera de las dos) entre la cima de la muñeca y la base del meñique. Se denomina así al ser la parte de su mano que utilizaría si fuera a dar un golpe de este arte marcial. En lugar de frotarlo como haría con el Punto de Dolor, aquí lo estimulará vigorosamente dando golpes sobre el PK con las puntas del dedo índice y corazón de la otra mano. Aunque puede utilizar el PK en cualquiera de las dos manos. Usualmente le recomendamos llevar a cabo los golpes con las puntas de los dedos de la mano dominante sobre el PK de la mano no-dominante.

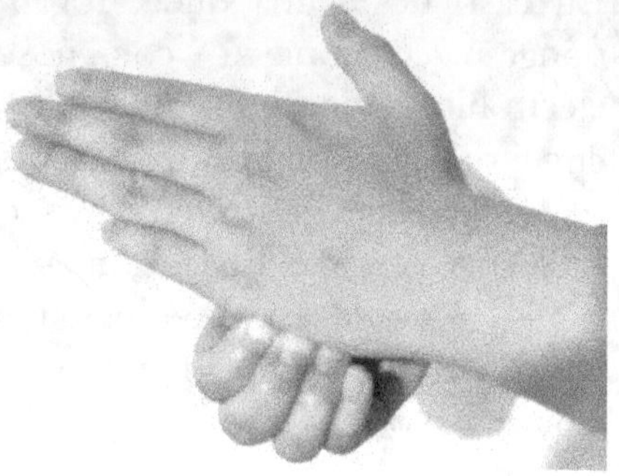

2.3.3. Afirmación.

Nos hallamos en el tiempo de estar sintiendo como una emoción acaba de aflorar, ahora, debemos crear una frase con la palabra clave que esté definiendo ese sentimiento que acaba de entregarle su mente. Ejemplo: *"una escena en la que usted se siente, se ve gordo. No se gusta en la escena. No se encuentra bien por ello. Está descontento. Fue la causa de no atreverse a…." La frase en este caso sería:*

Aunque tengo este (*el problema que sea*), que me hace estar gordo/a me acepto completa y profundamente.

Debe repetir esta afirmación tres (3) veces al mismo tiempo que estimula el "Punto de dolor" pero ya no mediante círculos, sino haciendo digito presión bien sobre este punto o en el "Punto de Karate".

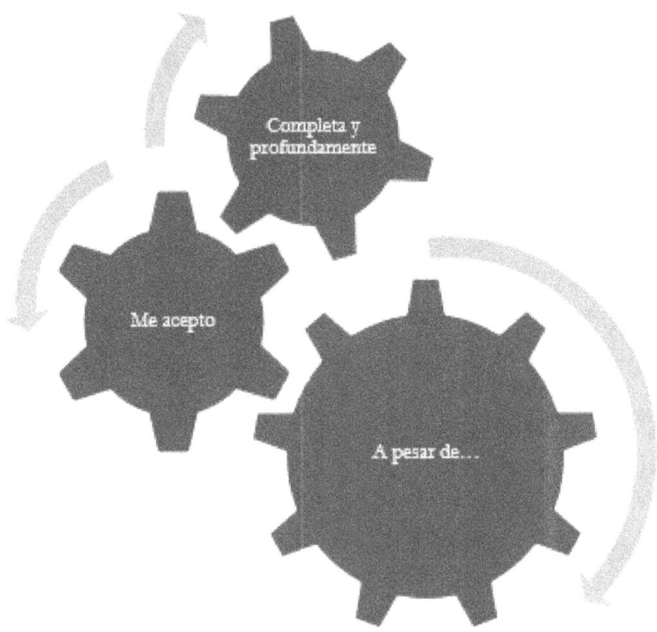

El espacio en blanco se debe cumplimentar con una breve descripción del problema al cual le quiere dirigir. Aquí están algunos ejemplos:

Aunque tengo este miedo a que también fracase con este método, me acepto completa y profundamente.

Aunque tengo este <u>miedo a volver a engordar</u>, me acepto completa y profundamente.

Aunque cuando más me propongo no comer, es cuando más lo hago, me acepto completa y profundamente.

Aunque tengo estas pesadillas, me acepto completa y profundamente.

Aunque tengo estas ansias por comer más y más, me acepto completa y profundamente.

Aunque tengo esta depresión, me acepto completa y profundamente.

Aunque no sé cómo lo voy a hacer pues la comida es lo único que me calma, me acepto completa y profundamente.

Aunque estoy hecha una vaca, sé que la gente me valora. Soy una buena mujer, ayudo siempre que puedo. A veces hasta me paso. Soy buena y me acepto completa y profundamente.

Todas estas afirmaciones son correctas porque siguen el formato general. Es decir, estamos reconociendo la existencia de un problema y lo estamos aceptando. Esto es fundamental para que la afirmación sea efectiva. Puede usar cualquiera de ellas. Todas contienen buenas bases de efectividad. Veamos algunos puntos interesantes acerca de la afirmación:

- Mejor decir la frase en voz alta, pero si está en una situación social y cree que no puede esperar, también es efectiva llevarla a cabo en voz baja o en silencio.

- Puede ocurrir que al verbalizar la frase *"usted no la acepte"* Imposible aceptar aquella situación que acaba de "reflotar" su mente. No la soporta. La odia. En ese caso, opte por la última frase o una variante de la misma. Verbalice sus "bondades" personales, todas sus maravillosas obras y objetivos alcanzados por los que se siente orgullosa.

Ha practicado la **Preparación,** creado la frase corta para llenar el espacio en la **Afirmación**, la ha repetido con énfasis, tres (3) veces, mientras estimulaba con digito presión el Punto de Dolor (Punto Sensible) o el Punto Karate, afirmando la frase que acaba de crear y aceptar. Ahora, debemos pasar a la **Secuencia**, pero antes necesitamos sintetizar nuestra frase en una o dos palabras. Por ejemplo, si fue algo parecido a la primera:

- Aunque tengo este miedo a que también fracase con este método, me acepto completa y profundamente.
  Una serie de síntesis podrían ser:
  Voy a fracasar.
  No valgo para esto.
  No tengo fe.
  Soy un desastre.

- *Aunque tengo este <u>miedo a volver a engordar,</u> me acepto completa y profundamente.*
  Una serie de síntesis podría ser:
  Miedo a volver a engordar.

- Aunque cuando más me propongo no comer, es cuando más lo hago, me acepto completa y profundamente.
  Síntesis:
  Veo comida y se me van los ojos.
  Como. No puedo evitarlo.
  Soy así.

- Aunque tengo estas pesadillas, me acepto completa y profundamente.
  Síntesis:
  Mis pesadillas.
  Mis tormentos de cada día.
  No sé por qué se me ha ocurrido empezar con esta tontería.
  Esta tontería. Tontería. Tontería.

- Aunque tengo estas ansias por comer más y más, me acepto completa y profundamente.
  Síntesis:
  Mi ansia por comer. Mi ansia que me está matando.
  No sé qué voy a hacer.
  A veces pienso que soy un desgraciado.

- **Aunque tengo esta depresión, me acepto completa y profundamente.**
  Síntesis:
  Esta depresión.
  Esta depresión que me está matando.
  Matando. Matando. Matando.
  Estoy harto, cansado.

- **Aunque no sé cómo lo voy a hacer pues la comida es lo único que me calma, me acepto completa y profundamente.**
  Síntesis:
  Solo me calma la comida.
  La comida. La comida.
  Solo quiero comida y más comida.
  Comida y al que no le guste que se vaya por dónde ha venido.

- **Aunque estoy hecha una vaca, sé que la gente me valora. Soy una buena mujer, ayudo siempre que puedo. A veces hasta me paso. Soy buena y me acepto completa y profundamente.**
  Síntesis:
  Soy una buena mujer.
  Buena mujer.
  Muy buena mujer.
  Me valoran.
  Valgo mucho.
  Soy un sol.

2.3.4. Secuencia.

Ya ha definido su palabra clave y por lo tanto entrar de lleno en la ***"Receta básica" (RB),*** dónde estimulará con las yemas de los dedos los puntos de inicio o terminación de los meridianos energéticos del cuerpo, método por el cual el sistema energético vuelve a equilibrarse.

Sugerencias para una correcta estimulación:

Aconsejamos llevar a cabo la estimulación conjuntamente con las yemas de sus dedos índice y corazón con la finalidad de cubrir un área más grande que si lo hiciera con la yema de un sólo dedo, cerciorándose de esta manera de una segura estimulación. Aconsejamos hacerlo con la mano dominante. Cinco/siete (5/7) estimulaciones en cada uno de los puntos. Como comentamos con anterioridad no importa cual lado utilice; tampoco si cambia de lado durante la **Secuencia**. Por ejemplo, puede estimular debajo de su brazo derecho y, más tarde hacerlo bajo su brazo izquierdo.

2.3.5. Puntos.

Cada meridiano energético tiene dos puntos terminales (inicio y fin). Para nuestro propósito solo necesitamos estimular un cabo para equilibrar cualquier trastorno que pueda existir en el meridiano. Sobre los puntos actuaremos mediante digito presión. Estamos hablando de una terapia que en modo alguno es agresiva. Lo que sigue ahora son instrucciones en cuanto a cómo ubicar los puntos de estos meridianos recogidos en La **Receta Básica** creada por **Gary Craig.** Juntos forman la **Secuenci**a y deben hacerse en el orden indicado:

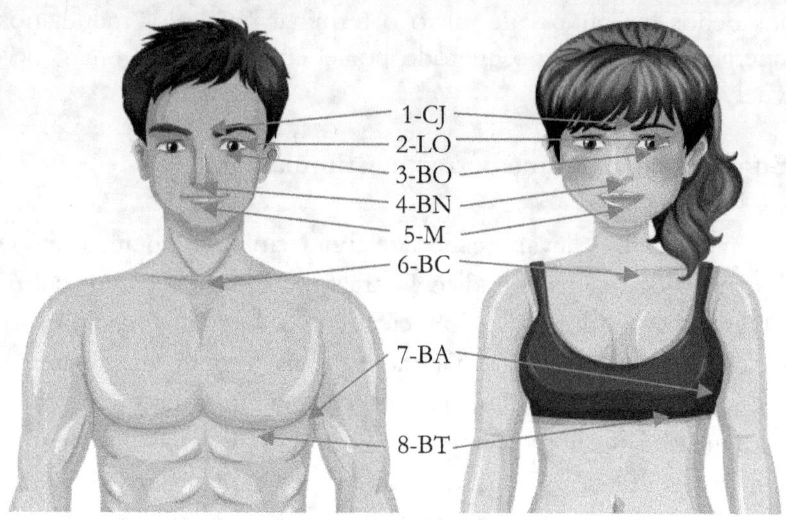

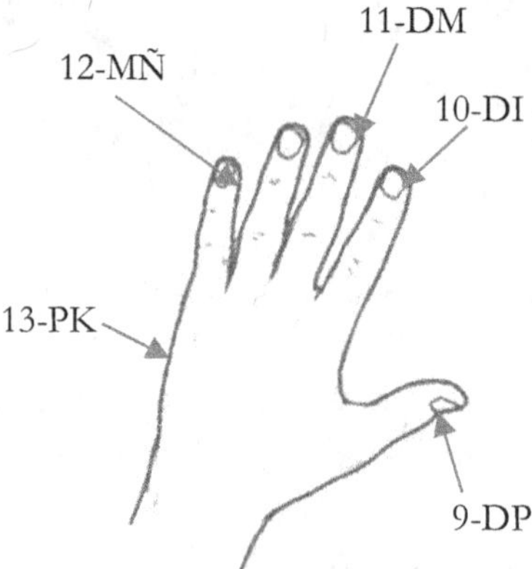

1. **CJ**. Al principio de la ceja, justamente encima de ella y a un lado de la nariz.
2. **LO**. En el hueso junto al rabillo del ojo. Este punto está abreviado.
3. **DO**. Debajo del ojo, sobre el hueso del pómulo.
4. **BN**. En el área pequeña debajo de su nariz, sobre el labio superior.
5. **M**. En el mentón, bajo el labio inferior, en la depresión que forma la barbilla.

6. **BC**. Él punto en dónde se encuentran los huesos del inicio de la clavícula, y la primera costilla.
7. **BA**. En el costado del cuerpo, a la altura de la tetilla.
8. **BT**. Para los hombres, 5 cm. debajo la tetilla. Para las mujeres, dónde la piel del seno encuentra el muro del pecho.
9. **DP**. Al exterior de su pulgar en la base de la uña. Este punto está abreviado.
10. **DI**. Al lado de su dedo índice (el lado frente a su pulgar) en la base de la uña.
11. **DM**. Al lado del dedo medio (hacia el pulgar) en la base de la uña.
12. **MÑ**. Al interior de su meñique (el lado más cerca de su pulgar) en la base de la uña.
13. **PK**. El último punto es el Punto Karate. Está ubicado en medio del cojín del costado de la mano entre la cima del hueso de la muñeca y la base del meñique. Las abreviaciones para estos puntos están resumidas abajo en el mismo orden que se dio arriba.

Observe cómo estos puntos van en dirección descendente, es decir, cada punto a estimular se encuentra debajo del anterior. Regla mnemotécnica con el fin de ayudarle a memorizar la secuencia. Bastan unas cuantas repeticiones y ya no lo olvidará nunca.

Ahora que los conoce empezará a estimularlos con digito presión a la vez que pronuncia la/s palabra/s clave. Siguiendo con el ejemplo anterior: *no sé qué voy a hacer. Voy a fracasar. No sé por qué se me ha ocurrido empezar con esta tontería. Soy una buena mujer. Me valoran mucho.*

ABREVIADO	
CJ	Principio de la ceja.
LO	Lado del ojo.
DO	Debajo del ojo.
BN	Bajo la nariz.
M	Mentón.

BC	Clavícula.
BA	Bajo la axila.
BT	Bajo la tetilla.
PU	Pulgar.
DI	Dedo índice.
DM	Dedo medio.
MÑ	Dedo meñique.
PK	Punto Karate.

2.3.6. Secuencia. *Otra vez.*

Una vez memorizada la Receta Básica, ésta se nos va a convertir en un amigo para toda la vida. Sin embargo, hay un concepto que necesitamos desarrollar para definitivamente poder llegar a desterrar emociones y resistencias que nos impiden mantener nuestro peso ideal. La estimulación de los puntos de la Receta Básica (RB) necesitan ser dirigidos a un problema específico. Cuanto más concreto mejor. Hace falta tener clara la intención. Usted le debe dar un destino a la Receta Básica en el proceso de aplicarla. Tiene que ser una palabra tan concreta y "conteniendo tanto valor" que su sola pronunciación desbarate esa "nudo" que estamos buscando. Debe estar "sintonizado" al problema para el cual quiere alivio. Un ejemplo concreto podría ser: *cuando mi madre me dijo al verme comer que era una enferma.* Recuerde el enunciado del descubrimiento, que dice:

La causa de todas las emociones negativas es un trastorno en el sistema energético del cuerpo.

Las emociones negativas ocurren porque está sintonizado a ciertos pensamientos o circunstancias, las cuales, a su vez, causan que su sistema energético se trastorne. De lo contrario funcionaria normalmente. No todos los pensamientos generan emociones negativas. La Frase Recordatoria consiste en una palabra o frase corta que describe el problema y que debe repetir en voz alta cada vez que estimule uno de los puntos en La Secuencia. De esta forma permite "recordar" continuamente a su sistema acerca del problema en el que está trabajando. Aconsejamos que la mejor Frase Recordatoria a utilizar sea la misma que se escogió para la afirmación que utilizó en La Preparación. En nuestro caso que estamos trabajando sobre engordar; sobre lo desagradable que resulta después de una dieta volver a engordar, la afirmación de La Preparación sería así: ***Aunque tengo este <u>miedo a volver a engordar</u>, me acepto completa y profundamente.*** Dentro de esta afirmación, las palabras subrayadas: <u>miedo a volver a engordar</u> es candidato ideal para usar como la Frase Recordatoria. Debe ser específico; concretar al máximo.

Ocurre frecuentemente cuando se está aplicando la secuencia, que al estimular un punto *¡Lo sienta de una manera especial!* Tome nota del punto al ser este determinante para la emoción que en este momento estamos tratando. En esa línea ha habido un sabotaje. Use ese punto con más frecuencia.

Recordemos. El objetivo de esta herramienta es:

- Disipar la emoción congelada en el cuerpo.
- Hacer circular la energía colapsada en los canales bioenergéticos.
- "Permitir" a la emoción y a su información circular libremente.
- "Permitir" al cuerpo bioenergético recuperar su funcionamiento natural, activando su poder de auto regeneración y auto equilibrio.

"La causa de todas las <u>emociones</u> negativas es una interrupción en el sistema de energía corporal"

En la Preparación le sugerimos:

- Todo cuanto verbalice hágalo con ***sentimiento y énfasis.***
- Expréselo ***con fuerza.*** No solo musitando.
- Puede ayudar decirlo ***en voz alta.***
- Según en qué casos decir:

- ¡Acepto que no puedo aceptarme a mí mismo!
- ¡Quiero poder quererme a mí mismo!
- ¡Elijo tener calma y confiar en mí mismo!

Para poder comprobar los adelantos nada mejor que ir observando el progreso de éxito. ¿Cómo?

Posicionando los dedos sobre el punto de dolor:

- Nos haremos preguntas sobre nuestro estado. ¿Qué sentimos?
- Reconectándonos con el conflicto. ¿Qué sentimos?
- Imagine vivamente el hecho. ¿Qué sentimos?

Y constatar como el nivel tensión, desagrado, rabia, se va degradando. Todos estos pasos, uno a uno, los vamos a llevar a cabo en la sesión terapéutica.

Nuestros problemas pueden ser intensos y al sintonizarlos nos pueden generar emociones. Compruebe la efectividad de esta herramienta haciendo digito presión una y otra vez hasta constatar cómo se calman. Como técnica puede utilizar su pensamiento a modo de una película y en cuanto sienta una emoción más alta, ante cualquier cambio de intensidad: empiece a crear una frase y pase a aplicarse la "receta básica". Lo comentamos porque ocurre más de una vez –sobre todo al inicio- mientras se está con una frase es muy probable que surjan otros aspectos. Si eso le ocurre, pare. Tome ese pensamiento-emoción y ejecute la receta básica (RB), repitiéndola hasta experimentar como la intensidad se ha desvanecido por completo hasta llegar al nivel cero (0).

2.4. PNL.

2.4.1. Cómo surgió.

Estamos frente a la herramienta en la que nos vamos a apoyar cada vez que estemos estimulando los puntos clave. La herramienta de la palabra que nos determina. Dada su importancia y antes de iniciar el tiempo de terapia, queremos hablarle sobre la misma: como nació, sus padres, su eficiente método y expansión.

La Programación Neurolingüística (PNL), fue creada por el modelador Richard Bandler (1950), John Grinder (1940) y Frank Pucellik (1944).

Uno de sus aportes significativos –y que nosotros vamos a utilizar- lo tenemos en como estructuran el lenguaje, partiendo del estudio de la forma de comunicar e interactuar; lo que ellos denominan *"meta-modelo de comunicación"*. Trabajaron en ello y originalmente presentaron su investigación a modo de recetas a seguir, para después ir modelando a personajes de éxito. El triunfo fue inminente y constante, y a tener de ello crearon sus técnicas de *"Repatronamiento Neurohipnótico"* y *"Diseño ingeniería humana"*.

En 1978 a tenor del reconocimiento alcanzado, Bandler fundó la *"Sociedad de PNL"* Instituto centrado en la formación y edición de sus principios. Desde entonces PNL ha seguido desarrollándose, destacando en los conceptos de *"anclaje" "rediseño y "reformulando"*.

John Thomas Grinder (1940), lingüista. Siendo estudiante también trabajó en las gramáticas generativas transformacionales de Noam Chomsky. Años más tarde siendo profesor en la Universidad de California, en Santa Cruz, conoció a Bandler y juntos iniciaron el trabajo en las terapias gestálticas. Junto con Richard Bandler también es autor de la Programación Neurolingüística (PNL).

Y por último hablaremos de Frank Pucelik (1944) al ser uno de los tres fundadores. En la Universidad de California cuando junto con Bandler enseñaban Gestalt. Invitaron a Grinder a añadir nuevas estructuras a sus teorías dando origen a esta herramienta. En 2002 fundó la consultora Pucelik Consulting Group para el desarrollo organizacional. Actualmente es considerado uno de los cien (100) mejores formadores empresariales de los EE. UU, formando anualmente a más de dos mil (2.000) personas. Para Pucelik el aporte de PNL consiste en que permite adquirir una serie de habilidades para alcanzar a construir un modelo medible en el que se pueden constatar, verificar cambios y alcanzar la excelencia.

Como casi todo avance científico Programación Neurolingüística (PNL) nace de la antigua pregunta: ¿Por qué? ¿Qué elementos intangibles dificultan, a veces llegando a impedir triunfar, alcanzar las metas forjadas? Ya en el siglo V Marciano Capella (360-428) plasmó las primeras herramientas en el libro *"Las nupcias de Mercurio con Filología o De Nuptiis"* dónde fija, concreta, explica y desarrolla ***"las siete artes liberales"*** que permitían al hombre *"alcanzar sus objetivos" "adaptarnos"* y *"alcanzar el laurel"*. Un siglo después Casiodoro (485-580) las sintetiza como un cuerpo enciclopédico de conocimiento en sus *Instituciones Saecularium Litterarum* distinguiéndolas en dos grupos. Al que contenía ***"dialéctica"***, ***"retórica"*** y ***"gramática"*** lo llamo **Trívium**, y **Quadrivium** los contenidos de ***"música"***, ***"astronomía"***, ***"aritmética"*** y ***"geometría"***. En el siglo XVI el médico español Juan Huarte de San Juan (1529-1588) (11), de nuevo ante la pregunta del por qué algunos fracasos en las carreras universitarias a pesar del alto ingenio, creo lo que hoy en día podríamos llamar las *"primeras pruebas psicopedagógicas"* para orientar a los alumnos de Bachiller hacia el éxito en su elección universitaria, aconsejando al rey Felipe II la creación en los Institutos de un Departamento de Orientación vocacional y profesional. Su obra lleva por título *"Examen de ingenio para las ciencias"*.

Como hemos comentado, insistieron ante la pregunta ¿cómo era posible que personas con una alta preparación tenga dificultades para alcanzar su meta que no es otra que transmitir sus conocimientos y ser reconocidos? Cuando a aquellos que habían conseguido el éxito, se les preguntaba ¿Cómo lo has hecho? La mayoría respondían con una sonrisa o "algo estaré haciendo bien". Lo que si aporto su investigación fue el descubrimiento de dos áreas donde rotundamente se presentaba una ausencia clara de preparación: liderazgo y sabiduría, ese arte de adaptación que hablaba Capella y Casiodoro. Como base del modelo copiaron comportamientos de líderes y de ellos crearon herramientas medibles con capacidad de réplica y que *pueden ser utilizadas para cualquier tarea que quiera llevara a cabo el hombre*, siendo el cerebro su pieza clave. Cualquier obra que se pretenda llevar a cabo, o se piense que es imposible, con la misma intensidad puede la mente ponerse a trabajar para que el objetivo se alcance. ¡Ojo, también para conseguir el fracaso! Para PNL nuestro cerebro inicia su **Programación** desde el mismo instante en que nacemos. Según donde sea el parto, tendremos distinto idioma, cultura y quizás religión, a la vez que la *Neurolingüística* porque cómo piensas o hablas estamos afectando a las neuronas de nuestro cerebro. Tanto para Bandler, Grinder y Pucelik las herramientas de PNL pueden ser adquiridas por cualquier persona, y en muchos casos alcanzar la solución del problema en *una única sesión.* La Programación Neurolingüística (PNL) es una herramienta que permite modificar comportamientos, lo significa transformar nuestras vidas al encauzarla por el camino que todo nuestro ser grita. "Por nuestro auténtico camino". Para llevarlo a cabo el primer paso consistirá en alcanzar nuestro grado de **compenetración.** Estado que ya aprendimos con la herramienta de sofrología y emisión de ondas alfa. Debemos estar conectados con nosotros mismos y practicar la visualización. Pasos que ya llevamos a la práctica con la herramienta facilitada por los psiquiatras Hans Berger y Alfonso Caycedo Lozano:

2.4.2. Pasos.

Movimientos en PNL que llevaremos a cabo al iniciar la sesión terapéutica mientras nos visualizamos.

a) Nuestro estado interno.

Observar la imagen que hemos proyectado en el tiempo de visualización. Pregúntese cómo se siente: nervioso, alterado, enojado, contento, motivado.

Debe que sentirla en verdad. Todo debe de rezumar verdad si queremos alcanzar compenetración.

b) Céntrese en lo que ve.

En lo que está haciendo, en como "se está comportando" en cuanto al movimiento postural. Introyecte los movimientos.

c) Forma de hablar.

Debemos centraremos en los siguientes puntos:
Volumen.
Velocidad.
Tono.
Muletillas.

Por supuesto que es muy probable que en esta primera sesión no logre captar este punto. Será la práctica la que le va a permitir familiarizarse en ello.

Recomendación: Practique estos tres pasos uno a uno, hasta que introyecte su "espíritu".

d) Cambios en lo que es imprescindible centrarse.

Estimule su cerebro para mantenerse en forma.

La mejor manera de tener nuestro cerebro en forma es ejercitarlo mediante cambios. Llevar a cabo permutas en nuestra actividad diaria facilita la creación de nuevas neuronas, conexiones entre las mismas, lo que se traduce en la creación de nuevos circuitos. Modificar ruta para el trabajo, etc.

e) Cuide sus creencias y comportamientos.

Si estamos acostumbrados a sentirnos decaídos frente a un estímulo específico (por ejemplo, sucumbir a un pastel sabiendo que ello nos lleva a engordar) nuestro cuerpo va a asociar automáticamente ese sentimiento con un cambio de ánimo. El papel de PNL va a ser modificar esa creencia con el fin de romper esta "asociación negativa" por un estado de alegría e incluso de motivación. Y es que nuestras creencias están condicionadas por nuestro subconsciente que terminan determinando:

Qué va a hacer.
Que dice.
Qué intenta conseguir de forma consciente.

2.4.3. Creencias limitantes.

Una creencia limitante no es más que una percepción de la realidad que nos impide lograr lo que realmente queremos alcanzar. Ejemplo: ser incapaz de mantener el peso alcanzado después de la última dieta. Las tenemos tan arraigadas que llegamos a asociarlas como una realidad absoluta. Pero ¿Cómo surgen aquellas creencias que condicionan y a veces determinan nuestro futuro? Mayoritariamente surgen en la infancia y también a base de experiencias reiterativas. Ejemplos:

- *Siempre estarás gorda.*
- *Lo tuyo es una cuestión genética. No tienes más que ver a tu familia.*

Con PNL sabemos que: *Cambia de forma permanente tus creencias y actitud frente a la vida y todo a tú alrededor cambiará,* o como decía Marcel Proust[19] (1871-1922): aunque nada cambie, si yo cambio todo cambia.

Si piensa que algo puede salirle mal: saldrá mal. Nuestro cerebro solo busca cumplir con nuestro objetivo, con independencia de si es bueno o malo. Así fue creado. Si usted está convencido que un proceso va a salir mal, nuestra mente hará todo lo posible para que lo consiga. Sucede porque nuestro cerebro una vez que posee todos los datos que le hemos reiterado con la fuerte intensidad de nuestros pensamientos, creados y mantenidos gracia a la atención, transciende creando "el milagro". Al igual que un ordenador, "creará la realidad". Anticipará, "verá" el resultado que decimos vamos a tener. Trabajará con todas las probabilidades en que puede salir mal lo que buscamos, a la vez que predispondrá a todo nuestro cuerpo al estado anímico propio de la derrota y decepción, hasta conseguir que se cumpla lo pensado por su dueño. ¡Éxito total! Pensamos que va a salir mal, la atención hace que lo repetimos insistentemente. El cerebro lo considera una orden y como tal, siempre trabajará en nuestra ayuda.

Si cree que no puede adelgazar, siempre tendrá a mano la tentación y el estado anímico correspondiente en la que caer en ella. Si está convencido de

---

[19] Fotografía tomada de
https://www.herdereditorial.com/media/cache/69/3f/693f68580cd878a359331d17f40f5100.jpg

que puede adelgazar, solo vera esa tentación junto a herramientas, modelos de sana alimentación a su lado para seguir, continuar en la perseverancia y la fuerza necesaria para el cambio. Definitivamente: su cerebro le ama. Es su fiel servidor.

La misma mecánica se pone en acción si tomamos la decisión tanto de pensar en positivo cómo en negativo, al ser único el programa de trabajo. El cerebro dado la insistencia de nuestro pensamiento todo él cargado de energía, interpretará que deseamos tener un cambio en nuestro cuerpo. Se pondrá en acción. Empezará a buscar probabilidades y pautas a nuestro favor adelantándose al presente; creándolo. Predispondrá al cuerpo, consiguiendo que empecemos a ver otra realidad. Por ello que ahora, surgirá ante nuestros ojos nuevos modelos, personas prefiriendo tomar agua antes que otra bebida. Recordemos que vemos según pensamos. Difuminará la intensidad energética de las *"irresistibles tentación"* de ayer mismo, lanzando la primera descarga de oxitocina que a su vez activaría la descarga al torrente sanguíneo de dopamina. Pura felicidad. Sentiremos éxito, confianza, bienestar. Acabamos de forzar al azar para alcanzar el resultado buscado.

A continuación, exponemos a modo de ejemplos dos creencias limitantes que consideramos más comunes:

- *En cuanto me ponen frente a un pastel de chocolate y crema pastelera, desaparece mi voluntad.*
- *Hoy tenemos una nueva acción formativa en la empresa, con su correspondiente pausa para el café, bandejas de pasteles, bocadillos y a mediodía: comida. Pésimo día para adelgazar.*

¿Cómo vamos a poder tratar estas creencias, modificarlas y darles un sentido favorable con todo el conjunto de herramientas? Llevando a cabo a través del anclaje cuando iniciemos el capítulo correspondiente a la **Terapia**.

- *Cada vez que me presentan un pastel de chocolate y crema pastelera, acostumbro a centrarme en mi tracto digestivo, lo escucho: Y QUE*

AGRADABLE RESPUESTA. Siento como me estoy cargando de oxitocina. Mi voluntad se acrecienta. Pero lo mejor de todo es cuando respondo: NO, GRACIAS. Entonces es cuando me puedo percatar de como mi torrente sanguíneo se acaba de inundar de dopamina. Y me encuentro muchísimo mejor.

- *A pesar de que hoy tenemos formación, me encanta desplazarme entre los asistentes, gente como yo y experimentar como elijo de nuevo una botella de agua y la galleta más suave ¡Qué placer más exquisito siento con esta conducta! Bebo y sigo. Cada día me encuentro mejor.*

Lo estamos viendo, las creencias limitantes son solo eso: CREENCIAS, y como tal para cambiarlas solo necesitamos:

a) Identificarlas.
b) Darles el sentido correcto.

Huir de la tentación no es cobardía.

2.4.4. Sentimiento.

Pasemos ahora al Control de las emociones donde la palabra sigue marcando "nuestro destino". Hay que decir que un estado es una frecuencia mental en la que podemos sentir: *alegría, motivación, relajación o sentirnos: deprimidos, tristes o enojados.* Controlar estos estados va a ser clave para que podamos responder a nuestro favor en situaciones que cotidianamente nos presenta la vida haciéndonos generar "ese" estrés de baja intensidad. Vamos a aprender a controlarlo para después poder modificar y para ello es necesario que empecemos a prestar mucha atención a nuestro vocabulario, a todo cuanto hablamos. A aquellas frases que aspiramos intervenga a nuestro favor. ¿Por qué? ¿Qué es un sentimiento, una emoción? Empecemos por definirlas.
Sentimiento. Estado de ánimo hacia una cosa, hecho o persona.

- *Es estable.*
- *Somos conscientes y a veces hasta nos recreamos en él.*

- *Progresivo.*
- *Largo.*
- *Después de pensado e interpretado: Nos puede llevar a decidir y vivir de una manera.*
- *No es fácilmente observable.*
- *Es duradero.*
- *Posterior a la emoción.*

Emoción. Emoción es una conmoción intensa –alegre o triste– producida por un hecho, idea o recuerdo.

- *Es una reacción inconsciente a un estímulo.*
- *Es corta.*
- *Anterior a la razón.*
- *Nos lleva a actuar, pues va cargada de energía.*
- *Es pasajera.*
- *Se puede observar fácilmente.*

Controlar nuestras emociones nos puede proporcionar grandes ventajas, no es de extrañar que en los últimos años hayan proliferado tantos manuales y seminarios de auto ayuda y meditación. En las empresas que requieren un departamento de atención al público es cotidiana la permanente formación en este tema: hospitales, puntos de reclamación, etc. Importante, su ausencia de control, pues puede llegar a transformar una situación en principio "estresante", de un bajo nivel, en una pesadilla: llanto, agresividad, etc. Controlarlas nos permite llevar a cabo una acción de servicio a nosotros mismos y a la sociedad, bloqueando: *posible depresión, enojo, estado mental.*

Aquí también entra PNL, al capacitarnos en cómo enfocar nuestros pensamientos para que el mensaje – la palabra es muy importante- que proyectemos sea: claro, concreto y por supuesto beneficioso tanto para nosotros como para el conjunto de personas con las que interactuemos. No serán palabras de "razón" sino de "sentimiento" "totalmente afectivas" ¿Qué ocurre en nuestro cuerpo cuando pensamos en un recuerdo? Qué de nuevo aparece la misma emoción y sentimiento de aquella jornada. De estos estados vamos a valernos para llevar a cabo el anclaje, y mediante las herramientas de PNL sernos sencillo recuperar recuerdos de situaciones: *positivas, alegres y de éxito,* replicando esa misma emoción en presente para lo que necesitemos. Aprendida la técnica podremos controlar cualquier recuerdo. Por supuesto que también los negativos.

2.4.5. Representaciones mentales.

Es posible que alguna vez se haya sentido intimidado ante una persona con apariencia de carácter más fuerte. Esa reacción puede ser debida a que en nuestro cerebro la imagen que asignamos al otro, nos hace sentir un tanto inferiores, débiles, al estar junto a ellos. Es una realidad que hasta puede llegar a ser una contrariedad si juega en nuestra contra en la interacción, dado que al desbaratarnos dejamos de ser nosotros mismos. Ante este hecho vamos a llevar a cabo un ejercicio efectivo con el fin de modificar estas representaciones mentales.

a) Imagine a esa persona que le hace sentir incómodo. Sienta como por el solo hecho de "verla", su estado de ánimo cambia. Se percibe limitado, casi inferior.

b) Ahora vaya concretando todos aquellos aspectos que le hacen sentirse incómodo.
   a. *Voz.*
   b. *Arrogancia.*
   c. *Preparación.*
   d. *Aspectos resolutivos.*

Piense con detalle en cada uno de estos aspectos que le molesta. Esos que le han roto el día nada más pensar en él. Anótelos en un papel.

c) Como ya conoce el arte de emitir ondas alfa. Entre en el estado de visualización dentro de la herramienta de sofrología y véase frente a esa persona en una situación neutral: solos, en medio de una calle, paseando o simplemente sentados en la terraza de un bar. Con la diferencia ahora de que es usted quien controla los aspectos y características. Es usted quien está fiscalizando la "película". Es decir que, si la persona es demasiado arrogante, dado que usted lo que percibe es que trata a los demás con desprecio, en este momento deberá modificarla, presentando al sujeto como un ser humilde; si puede. Decimos "si puede" porque en este punto en que nos encontramos, que estamos preparando mentalmente la escena cual director de cine, puede llegar a ocurrir que nos preguntemos ¿por qué no puedo presentar al sujeto como un ser humilde? Pero ¿qué está ocurriendo para que me esté desagradando este hombre? ¿Por qué cuando estoy reflexionando, visualizando la escena, siento que realmente no puedo soportarla porque en verdad me siento inferior, hecho que me frena, impidiéndome ejecutar cambio alguno? Llegado a ese hermoso punto: pare. Respire profundamente. Piense en usted. Acepte la imagen que sobre usted mismo está observando. Si requiere del humor haga uso de él, pero acéptese. Recoja del suelo todos sus valores y comience a preguntarse: ¿Acaso no tengo yo también preparación? ¿Acaso no se de lo que es mi especialidad, mi puesto operativo de trabajo? ¿Acaso no soy también un experto?

Recuerde que solo se puede sentir inferioridad, dolor, ante personas que en nuestro fuero interno están ajustadas al mismo nivel o inclusive inferior. Que precisamente están en nuestro mismo rango, ante prácticamente idénticos conocimiento. Si usted es empresario, profesor, directivo y le presentan a un exitoso compositor, es prácticamente imposible que se llegue a sentir inferior, que sienta dolor, es más; puede que hasta experimente orgullo de estar junto a él, al ser este hecho una prueba evidente, una corroboración de su posición social, marco de referencia al mismo nivel de su interlocutor. Solo se podría sentir "incomodo" si también usted fuera compositor o director de orquesta. Y si eso pasara es que, en la creencia sobre usted mismo, no se percibe tan bueno como él, o quizás igual o mejor, *pero que no ha sabido en el momento preciso valerse de las mismas oportunidades.* El azar nos proporciona las cartas, pero somos nosotros los que tenemos que jugar con ellas. Puede haber ocurrido un juego de circunstancias que ahora veremos. Vamos a realizar este ejercicio para cada uno de los detalles.

d) Recree ahora la escena según las nuevas características que han surgido al constatar la realidad. En la interacción ha ocurrido que el otro le ha permitido "verse ante el espejo": Es el momento de aceptarse., porque usted también es grande. Sí, grande. Para nada hay necesidad de rebajarse. Usted tiene igual, más o diferentes conocimientos. Sabe que es único en "esos conocimientos propios, fruto de su experiencia". Aceptarse siempre genera un cambio cognitivo. Acaba de percatarse que también posee "cargas de profundidad". Él se lo acaba de descubrir gracias a ese sentimiento que le despertó. Sí, reflexione sobre ello, su cuerpo le ha despertado el sentimiento como trampolín hacia el cambio. ¿Qué es lo que necesita? ¿Qué pospuso? ¿Con quién hablar? Antes de continuar pare y dele las gracias. Ha creado un molde a la vez que usted se ha descubierto. El otro le ha dado una oportunidad de conocerse, de aceptarse, de valorarse. Descubrir alguna faceta en la que debe profundizar. En la que debe modelarse. Usted tiene valores que ahora empiezan a revolotear por la cabeza. Acaba de quitarse de encima piedras que le estaban resguardando ¿De qué? Si, tiene que actualizarse. ¡Usted también es grande! Recree una escena en donde están interactuando de tú a tú. Los dos a la par. Repítala hasta que sea perfecta. Ejercite la humildad y el agradecimiento. Y así sintiendo la nueva descarga de dopamina se dice que se va a seguir preparando. Abrirse al mundo que tanto tiempo llevan gritando su presencia y usted hasta ahora sin poderlo oír, al ir su cerebro a una frecuencia distinta. Está constatando que se encuentra frente a un sujeto donde el lenguaje es de iguales. Sea agradecido. Valórese. ¿Qué ha ocurrido? Acaba de dar una nueva representación a su cerebro. De una sensación negativa, estresante, ha pasado a una nueva de poderío, igualdad, amor y seguridad.

Al igual que Richard Alpert[20] (1931-2019) conocido bajo el seudónimo de Baba Ram Dass opinamos que siembre debemos respetar, ennoblecer nuestras experiencias al ser estas, una vez aceptadas, comprendidas, asumidas en la responsabilidad que entrañan, el inicio de un nuevo camino en el peldaño superior. Debemos vivir cada instante de lo que pasó sin negar nada. Aceptando y amándonos. Quizás cueste al principio, al tomar conciencia de nuestra fragilidad, de esta carencia de sentir amor. Si ocurriera, siempre tendrá el recurso de abrazarse. Sintamos ese necesario calor mientras agradecemos de manera consciente todo el proceso que hemos superado, reprogramado en nosotros. Gratitud a esa emoción que nos permitió volver a vivir, reprogramar la escena para poder ascender un paso más en nuestro proceso. En este punto no deja de venirme a la memoria y preguntarme si en cuanto a estar forma de reprogramar, de volver a ver que nos ocurrió en aquella escena, ¿por qué ese fracaso? De introyectar ante el otro nuestra altura. ¿Por qué odiamos o quieren nuestro mal? Y trabajar según lo dicho, pienso que tiene mucho en común con el texto que nos transmite San Lucas 6. 27-29. *"Pero Yo os digo a vosotros, los que me oís: amad a vuestros enemigos, haced bien a los que os odian; bendecid a los que os maldicen; orad por los que os calumnian"*. En nuestra opinión pensamos que no existe otro camino para subir de escalón. Sin aceptar, reconocernos quienes somos y por supuesto amarnos –el

---

[20] Fotografía tomada de https://newsd.in/renowned-author-spiritual-leader-baba-ram-dass-passes-away-at-88-in-hawaii/

necesario y manido amor propio-, difícil el cambio. En la mayoría de los casos van a ser los otros, aquellos que, con su actitud en nuestra contra, van a hacer posible nuestro crecimiento.

Si nos acostumbramos a llevar a cabo este ejercicio con todas las personas y situaciones que nos causaron/causan "dolor", "complejo", sufrido una derrota, vamos a sentir como al volver a revivirlo en nuestro escenario virtual, todo será lo más parecido a una representación, lo único que vamos a alcanzar es CRECER, porque de eso tratan mucha de nuestras experiencias. Muchos de nuestros "fracasos" no han sido más que pruebas en donde debemos llevar a cabo alguna modificación para poder alcanzar un nuevo escaño. Estaba ocurriendo que nuestro cerebro a tenor de nuestros reiterativos pensamientos, había tomado la decisión "para no dañarnos" de llevar a cabo una representación errónea de nosotros mismos y como consecuencia de la realidad -vemos según pensamos- ocultaba lo grande que somos y de cuantos valores podemos aportar al mundo, pero lo que no podía – porque estaba fuera de su alcance- era que, al encontrarnos ante iguales, nuestro cuerpo provocara una sensación de dolor. Por suerte la naturaleza siempre juega a nuestro favor. Necesitamos crecer, ser. Si bloqueamos la emoción que no es otra cosa que energía pasará a ser somatizada, manifestándose en dolor, estrés: enfermedad. Esta técnica es utilizada por muchos profesionales, desde ejecutivos, cantantes, oradores, a deportistas de élite. Nosotros la vamos a aplicar para ajustar su esquema corporal. Cambiando el estado emocional de experiencias fracasadas por aprendizaje, cambiamos nuestras vidas y como consecuencia al mundo.

2.4.6. El cambio.

¿Cómo se sentiría si le dijéramos que cada vez que se vaya a sentar a comer, o le estén invitando a tal o cual postre "al que nunca ha podido resistirse", con un simple ejercicio de anclaje pudiera manifestar con total satisfacción: NO. MUCHAS GRACIAS? Haciendo histórica –pues ya no le es válida a usted-

aquella frase de Oscar Wilde, aprendida en aquel cartel del escaparate de Loewe perpendicular a Serrano *"la única forma de vencer la tentación es caer en ella. El retrato de Dorian Gray"* (17), y todo el mundo quedarse sorprendido. Cómo diría un castizo "con la boca abierta" ante una mezcla de sorpresa y admiración. Ahora puede llevarlo a cabo mediante un ejercicio de anclaje.

Un anclaje en términos de PNL es una asociación neuronal entre un pensamiento, emoción que emana y un nuevo estímulo tanto interno como externo.

Lo que hace un anclaje es activar del campo neuronal felices estados emocionales del pasado y con su fuerza regrabar en conexiones neuronales, borrando toda manifestación que nos impida crecer.

PASOS:

a) Concéntrese en una escena, momento de su vida en que se sintió:
   a. Tranquilo.
   b. Confiado.
   c. Feliz.
   d. Con motivación de logro para alcanzar cuanto se proponía y además; lo consiguió.

Los ejemplos pueden ser múltiples, y no siempre hay que buscarlos entre escenas espectaculares. Todos los hemos vivido. Puede ser, por ejemplo: *aquella tarde en Veneguera. En la puerta de su atalaya frente al mar, sintiendo la brisa mientras el sol se iba poco a poco ocultando allá en lontananza detrás del Teide. Los pescadores con su canto y reclamo de alimento invitando a salir de entre las rocas a las morenas. Todo era paz.* Imagine cualquier situación, pero siempre debe ser una en que pudo sentir "beneficios" con capacidad de ser retomados de nuevo. Continuemos.

b) Visualizada la escena, su mente debe empezar a pasar la

película, y usted centrado en sus sentidos a medida que van brotando; *"reviviéndolos"*. Recordar cada uno de los sonidos de ese momento. Sentir lo vivido a tenor de cómo van surgiendo los acontecimientos. *Aquellos bañistas de Mogán preparando la fogata para asar viejas frente a la abandonada escuela unitaria. El solitario muelle con su deteriorada grúa, ayer tan laboriosa cargando berenjenas en aquellos pailebotes de tres palos con vela cangreja recogidas sobre las mesanas, ayudando a agilizar la carga gracias al chigre asociado a la botavara del palo trinquete que también hacia de puntal. Destino inmediato puerto La Luz dónde reagrupada la carga finalmente zarpar rumbo a las Islas Británicas. Los niños entre rocas cogiendo cangrejos para junto con pan mojado, hacer la necesaria pasta para la pesca de la media noche.* Sienta toda su tranquilidad. Toda su paz. A este proceso de recordar con todos nuestros sentidos lo denominamos: **visualización mental asociada. VMA.**

c) Ahora su experiencia mental está al máximo nivel. Hasta su cuerpo puede haber adoptado otra postura y su estado de ánimo se ha vuelto más relajado. Idéntico al vivido aquella tarde en la playa de Veneguera frente al mar.

Nuestro nuevo paso a llevar a cabo, va a consistir en hacer de este sentimiento-recordatorio un anclaje. Hacer un gesto corporal que nos pueda permitir activar y desactivar a voluntad nuestro anclaje. Sesión que vamos a llevar a cabo a través de cuantas herramientas hemos aprendido: Sofrología del Dr. Caycedo, Receta Básica correspondiente a la Técnicas de Liberación Emocional creada por el terapeuta Gary Craig y Programación Neurolingüística fundada por Richard Bandler, John Grinder y Frank Pucellik.

La calidad de nuestros pensamientos determina nuestra calidad de vida.

TERAPIA.
Caminando hacia su encuentro.

TERAPIA

3.1. Primer paso.

Nos encontramos en el capítulo donde usted va a desbaratar aquellos obstáculos que a día de hoy le están impidiendo mantenerse en su anhelado peso ideal. En los que anteceden ***expusimos como engordar es un efecto, una respuesta al estado emocional surgido de la causa,*** que usted en este capítulo, va a ir descubriendo y desgajando haciendo uso de manera coordinada de las herramientas expuestas ¿Por qué modificamos nuestro cuerpo? ¿Dónde *aquellos pequeños estados emocionales* que nos están produciendo ese bajo estrés crónico? Como podrá constatar en todos los pasos vamos a utilizar las herramientas ya conocidas y practicadas por usted. En este primer paso dado que necesitamos entrar en un estado de relajación, para introducirnos y permitirnos emitir las beneficiosas ondas Alfa, vamos a iniciar con una sesión de sofrología. Aportación del Dr. Alfonso Caycedo Lozano para de esta manera iniciar la emisión de ondas alfa, conocidas gracias a Hans Berger y de las cuales ha podido constatar sus beneficios. Una vez alcanzado nuestro cuerpo su nuevo estado, nos va a permitir encontrarnos con nuestras creencias, emociones, razones y resistencias. Le hemos mostrado y practicado paso por paso los puntos de la "receta básica" creada por Gary Craig, centros en donde nos vamos a apoyar para a través de la programación neurolingüística aportada por Richard Bandler, John Grinder y Frank Pucellik liberar no solo cualquier nudo emocional, sino reprogramarse según sus metas.

Cómo nos encontramos ante un capítulo propio de una sesión presencial, además de dejar por escrito cuantos pasos vamos a seguir, también va a tener siempre a su disposición en el enlace de audio que tiene al final del libro el seguimiento en voz de todo el texto. Usted léalo, ejercítese en cuantos aspectos requiera y en el momento que decida iniciar la sesión, no tiene más que conectarse al audio y seguir los pasos al igual que si en este mismo instante estuviera usted presencialmente en nuestra consulta. Usted podrá siempre que lo desee, con tan solo conectarse, escucharnos a lo largo de todo el proceso. Confiamos que sea de ayuda. Esa es nuestra intención y meta.

Iniciamos la sesión con el conocido ejercicio de relajación con el fin de preparar nuestro cuerpo para la emisión de ondas alfa, posterior ejercicio de visualización, y una vez "en estado" continuar con la Estimulación de digito presión de los puntos creados por **Gary Craig.** Si lo requiere, antes de su inicio, le reiteramos regrese a su completa lectura. Ahora exponemos los pasos que ya conoce y cómo hemos comentado, también a su disposición tiene la grabación. Si en algún momento del proceso se siente cansado —casi siempre ocurre en las primeras sesiones- haga un alto mientras se centra en su cuerpo. Él también requiere de su atención.

3.1.1. Estado Alfa.

Cómodamente sentado, el cuerpo erguido, centrado en su respiración. Al igual que la vez anterior, empezará a fijar su atención en las distintas partes del cuerpo:

1. *Frente.*	10.*Antebrazo.*
2. *Prefrontal.*	11.*Mano.*
3. *Parietales.*	12.*Brazo izquierdo.*
4. *Occipital.*	13.*Antebrazo.*
5. *Ojos.*	14.*Mano.*
6. *Nariz.*	15.*Pecho.*
7. *Boca.*	16.*Estómago.*
8. *Cuello, hombro.*	17.*Vientre.*
9. *Brazo derecho.*	18.*Muslo derecho.*

19.Pantorrilla.   *22.Pantorrilla.*
20.Pie.   *23.Pie*
21.Muslo izquierdo.

En este estado, ahora que está emitiendo ondas Alfa, centre su atención en visualizarse en un lugar que para usted sea dichoso. Contémplese. Es usted. Deje pasar los pensamientos, ahora solo es el momento de contemplarse. De aceptarse. En la escena que ha seleccionado permanezca en ella tal como es su deseo; andando, sentado/a. Perciba su amor hacia ese ser que está contemplado. Retroceda a su primera década, sonría a ese maravilloso ser. Abrácele. ¿Qué siente? Permanezca en este estado durante a lo largo de 2/3 respiraciones completas. Tome conciencia. Sienta la paz que experimenta. Al igual que llevamos a cabo en la presentación de este ejercicio, iremos preparándonos para finalizar, y para ello moveremos los dedos de los pies, los dedos de las manos, los músculos de la cara; tres partes importantes de nuestro esquema corporal, y ahora cuando quiera abra los ojos. Permanezca en este estado; prestando atención a su cuerpo.

Continuamos ahora con la herramienta de: preparación, afirmación y secuencia, apoyándonos en frases propias de Programación Neurolingüística.

3.1.2. Preparación.

<u>Propuesta.</u>

Solo en Punto de Dolor. Permanecemos en la misma postura y nos disponemos para seguir los pasos. Para ello, como ya sabemos, colocaremos los dedos índice y corazón en el punto de dolor haciendo ligeros movimientos circulatorios sobre el mismo. En este momento puede que ya le estén llegando pensamientos cargados de emoción; una escena que nunca nos gustó, o cualquier otro pensamiento inesperado. No se extrañe, está usted empezando a sentir los efectos de la energía; energía cargada de memoria. Tome nota de estos pensamientos para poder tratarlos más adelante. Mientras estimula el punto ***SIN HACER DIGITO PRESIÓN SOBRE EL MISMO***, diga en voz alta:

ELIJO SENTIRME
BIEN
TENGO QUE
ADELGAZAR.
NO HAY MANERA.
YA ESTOY
CANSADO/A.
HOY ELIJO SENTIRME
BIEN.
ACEPTARME.
VOY A
CONFIAR EN MÍ.
ELIJO Y
ME ACEPTO.

Ahora, mientras se sigue estimulando, es el momento en el que debe de crear la frase que usted va a utilizar en digito presión. Solo siga estimulando este punto haciendo círculos sobre él **punto de dolor**. Lo que viene a continuación <u>es un ejemplo</u>, usted puede utilizar como otro cualquiera. **Aun no inicie la digito presión.**

AUNQUE ME VEO
COMO UNA VACA
"esto es afirmándolo"
YO ME ACEPTO.
PORQUE, AUNQUE ME
VEO GORDO/A,
YO SOY EL/LA QUE
SOY Y
SIGO SIENDO EL/LA
QUE SOY.
ME QUIERO *Y*

*ELIJO **SENTIRME***
BIEN
CONMIGO MISMO.

Otro ejemplo podría ser:

AUNQUE ESTOY
HECHO/A UNA FOCA,
CADA DÍA QUE PASA
ESTOY MÁS GORDO/A,
YO SOY COMO SOY Y
ME QUIERO.
SOY UNA BUENA
PERSONA.
AYUDO A QUIEN ME
LO PIDE
Y SÉ QUE
HAY GENTE QUE ME
QUIERE.
ELIJO SENTIRME
BIEN
CONMIGO MISMO.

Acaba de decir la frase. Ahora tantee como se siente: ¿con nervios? ¿Tensión? Utilizando la escala Likert de 0 a 10. Evalúese. Ni que decir que la frase que se construya debe ser creíble por usted, estar totalmente convencido y aceptada. Puede decirse lo que quiera; cualquier palabra es válida, inclusive hasta el insulto. El único requisito es que sea sincera y significativa para usted. Qué le esté permitiendo aflorar y mantener un sentimiento.

<u>Aserción.</u>

Ahora sí, ahora es cuando tiene que dejar de hacer círculos sobre el punto de dolor y pasar a estimular el **punto de dolor** con **digito presión,** afirmando con la frase creada. Empiece con los golpecitos a la vez que repitiendo de tres (3) cinco (5) veces la frase que acaba de crear.

AUNQUE...

Una vez finalizada y como ya dijimos en el momento de exponer esta herramienta, tiene que seleccionar de la frase que ha verbalizado, de una a tres palabras máximo, que definan a la perfección su estado. De lo que siente. De cómo se siente. Esto lo tiene que llevar a cabo antes de iniciar la **cadena.** Un ejemplo puede ser:

ELIJO SENTIRME BIEN.

Y con ella inicia la SECUENCIA, estimulando todos los puntos con la frase que ha creado: ELIJO SENTIRME BIEN.

<u>Secuencia.</u>

Con la frase que ha creado *ELIJO SENTIRME BIEN* pasa a estimular los puntos concretos de los meridianos.

CJ = el principio de la Ceja. *ELIJO SENTIRME BIEN*
LO = el Lado del ojo. *ELIJO SENTIRME BIEN*
DO = Debajo del ojo *ELIJO SENTIRME BIEN*
B = Bajo la nariz. *ELIJO SENTIRME BIEN*
M = Mentón *ELIJO SENTIRME BIEN*
C = Clavícula *ELIJO SENTIRME BIEN*
BA = Bajo la Axila *ELIJO SENTIRME BIEN*
BT = Bajo la Tetilla *ELIJO SENTIRME BIEN*
Pu = Pulgar *ELIJO SENTIRME BIEN*
DI = Dedo Índice *ELIJO SENTIRME BIEN*
DM = Dedo Corazón *ELIJO SENTIRME BIEN*
MÑ =Meñique *ELIJO SENTIRME BIEN*
PK = Punto Karate *ELIJO SENTIRME BIEN*

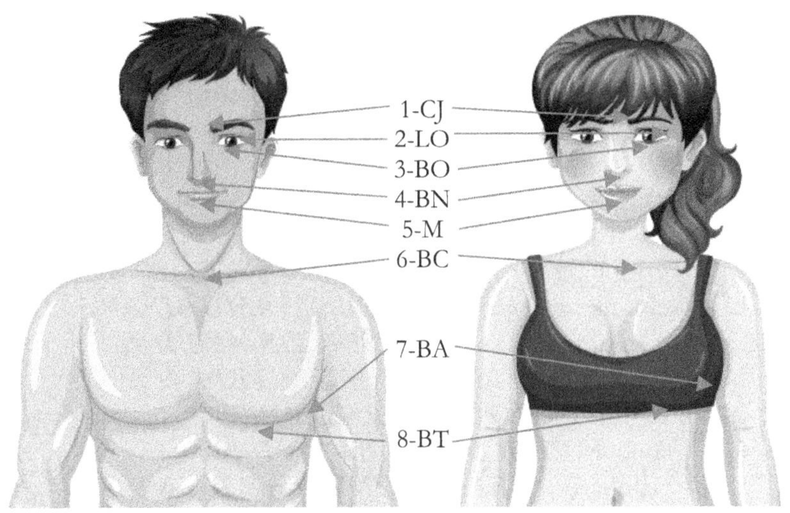

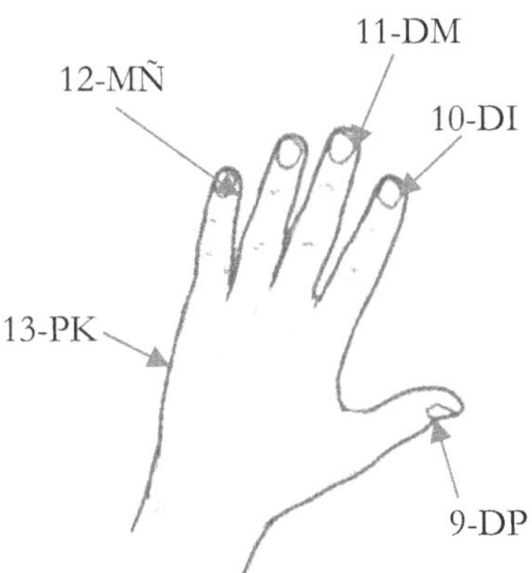

Cada punto será estimulado de tres (3) cinco (5) veces a la vez que verbalizamos:

ELIJO SENTIRME BIEN

Finalizada la primera ronda, inicie otra y otra. Debe de llevar a cabo un mínimo de tres (3) rondas seguidas. Acabadas, efectúe tres (3) respiraciones completas y de nuevo haga una evaluación de su estado emocional. Recuerde la puntuación anterior. Repita hasta llegar a cero (0).

Tres (3) respiraciones profundas antes de iniciar el siguiente paso.

Segunda ronda.

CJ = el principio de la Ceja. *ELIJO SENTIRME BIEN*
LO = el Lado del ojo. *ELIJO SENTIRME BIEN*
DO = Debajo del ojo *ELIJO SENTIRME BIEN*
B = Bajo la nariz. *ELIJO SENTIRME BIEN*
M = Mentón *ELIJO SENTIRME BIEN*
C = Clavícula *ELIJO SENTIRME BIEN*
BA = Bajo la Axila *ELIJO SENTIRME BIEN*
BT = Bajo la Tetilla *ELIJO SENTIRME BIEN*
Pu = Pulgar *ELIJO SENTIRME BIEN*
DI = Dedo Índice *ELIJO SENTIRME BIEN*
DM = Dedo Corazón *ELIJO SENTIRME BIEN*
MÑ =Meñique *ELIJO SENTIRME BIEN*
PK = Punto Karate *ELIJO SENTIRME BIEN*

Tercera ronda.

CJ = el principio de la Ceja. *ELIJO SENTIRME BIEN*
LO = el Lado del ojo. *ELIJO SENTIRME BIEN*
DO = Debajo del ojo *ELIJO SENTIRME BIEN*
B = Bajo la nariz. *ELIJO SENTIRME BIEN*
M = Mentón *ELIJO SENTIRME BIEN*
C = Clavícula *ELIJO SENTIRME BIEN*
BA = Bajo la Axila *ELIJO SENTIRME BIEN*
BT = Bajo la Tetilla *ELIJO SENTIRME BIEN*
Pu = Pulgar *ELIJO SENTIRME BIEN*
DI = Dedo Índice *ELIJO SENTIRME BIEN*
DM = Dedo Corazón *ELIJO SENTIRME BIEN*
MÑ =Meñique *ELIJO SENTIRME BIEN*
PK = Punto Karate *ELIJO SENTIRME BIEN*

3.1.3. Peso ideal.

Ha elegido sentirse bien, anclar esta elección a la vez que ha empezado a sensibilizar su cuerpo a la confianza y aceptación. En el paso en que nos encontramos, nuestra misión va a consistir en:

LLEVAR A CABO UNA
AFIRMACIÓN DE CÓMO
QUEREMOS
CONSEGUIR VERNOS.

Vamos a trabajar cognitiva y corporalmente con esta afirmación haciendo vibrar a todas las neuronas de nuestro cuerpo: cerebro, tracto digestivo y corazón. Va a ser una frase afirmando cómo queremos vernos. Una vez dicha y como es por norma en este tipo de terapias, prestaremos atención a como **nos sentimos.**

Los pasos a dar son los mismos que en el punto anterior: círculos sobre el punto de dolor. Una vez que tengamos la frase, digito presión sobre el mismo y nada más tengamos preparada la palabra o las dos palabras resumen de la frase, entrar en la serie de los puntos meridianos.

Tengamos presente que ahora, en estos momentos, usted es **A** y quiere ser **B**.

B corresponde al peso ideal. Por ejemplo; usted querer pesar ¿xx? kg. Nos encontramos en el paso donde debemos grabarlo. Es el peso que va a afirmar, por ser este peso el que usted desea. Debe repetirlo tres (3) veces. Estamos empezando a trabajar con toda su fuerza con las dos últimas herramientas.

<u>Propuesta.</u>

Mientras estimula en círculos el punto de dolor repita tres

veces sin ningún tipo de complejos –no importa que no se lo crea- su PESO IDEAL. Aquel que aspira tener:

MI PESO ES DE ____KG.
MI PESO ES DE ____KG.
MI PESO ES DE ____KG.

Utilizando la escala Likert de 0 a 10. Lleve a cabo la evaluación.

Aserción.

Sobre el mismo punto de dolor inicie la digito presión afirmando con fuerza tres veces:

*SOY UNA PERSONA
DELGADA,
Y PESO ___ KG
ESO ES LO QUE PESO.
ACTUALMENTE PESO
___KG.
ME VEO DE
MARAVILLA,
SEXY, HERMOSA Y LA
ROPA
ME QUEDA
FENOMENAL.*

*SOY UNA PERSONA
DELGADA,
Y PESO ___ KG
ESO ES LO QUE PESO.
ACTUALMENTE PESO
___KG.
ME VEO DE
MARAVILLA,
SEXY, HERMOSA Y LA*

ROPA
ME QUEDA
FENOMENAL.

SOY UNA PERSONA
DELGADA,
Y PESO ___ KG
ESO ES LO QUE PESO.
ACTUALMENTE PESO
___KG.
ME VEO DE
MARAVILLA,
SEXY, HERMOSA Y LA
ROPA
ME QUEDA
FENOMENAL.

Secuencia.

Le recuerdo que en este punto ahora solo tiene que verbalizar de una a tres palabras, en este caso solo repetir los kilos que "mentalmente" tiene.

_______KG.

Tres (3) rondas seguidas.
CJ = el principio de la Ceja. *_______KG.*
LO = el Lado del ojo. *_______KG.*
DO = Debajo del ojo. *_______KG.*
B = Bajo la nariz. *_______KG.*
M = Mentón. *_______KG.*
C = Clavícula. *_______KG.*
BA = Bajo la Axila. *_______KG.*
BT = Bajo la Tetilla. *_______KG.*
Pu = Pulgar. *_______KG.*
DI = Dedo Índice. *_______KG.*
DM = Dedo Medio. *_______KG.*

MÑ =Meñique. ______*KG.*
PK = Punto Karate. ______*KG.*

Segunda ronda

CJ = el principio de la Ceja. ______*KG.*
LO = el Lado del ojo. ______*KG.*
DO = Debajo del ojo. ______*KG.*
B = Bajo la nariz. ______*KG.*
M = Mentón. ______*KG.*
C = Clavícula. ______*KG.*
BA = Bajo la Axila. ______*KG.*
BT = Bajo la Tetilla. ______*KG.*
Pu = Pulgar. ______*KG.*
DI = Dedo Índice. ______*KG.*
DM = Dedo Medio. ______*KG.*
MÑ =Meñique. ______*KG.*
PK = Punto Karate. ______*KG.*

Y tercera ronda

CJ = el principio de la Ceja. ______*KG.*
LO = el Lado del ojo. ______*KG.*
DO = Debajo del ojo. ______*KG.*
B = Bajo la nariz. ______*KG.*
M = Mentón. ______*KG.*
C = Clavícula. ______*KG.*
BA = Bajo la Axila. ______*KG.*
BT = Bajo la Tetilla. ______*KG.*
Pu = Pulgar. ______*KG.*
DI = Dedo Índice. ______*KG.*
DM = Dedo Medio. ______*KG.*
MÑ =Meñique. ______*KG.*
PK = Punto Karate. ______*KG.*

Al finalizar, efectúe tres (3) respiraciones completas y de nuevo haga una evaluación de cómo se siente. Recuerde la puntuación y repita hasta llegar a cero (0).

3.1.4. Creencias.

Con los pasos anteriores hemos conseguido introducir por primera vez un grado de aceptación y empezado a grabar en nuestro organismo nuestro peso ideal. Hecho que posiblemente nos ha hecho surgir en nuestro ser la lógica aparición de **creencias negativas** ya conocidas muchas de ellas, pues algunas, de manera cotidiana cada vez que pensamos en *"nuestro peso y sus consecuencias"* y queremos enfrentarnos, por regla general casi siempre terminan por vencer, dominar. En una palabra: derrotarnos, desilusionarnos. Desistir, pues los "peros" siempre están ahí.

Los pasos que vamos a llevar a cabo para desbaratar de una vez por todas toda *creencia* y posibles peros son los siguientes:

<u>Propuesta.</u>

Estimulando nuestro punto de dolor Comenzaremos por visualizarnos en el cuerpo maravilloso que nos gustaría tener. Para esta mirada podemos utilizar tanto un modelo externo como una imagen nuestra de una época anterior. Si buscando en nuestro pasado no hay forma de encontrarlo. Nos es totalmente imposible; tranquilidad, para nada es un problema. No afecta a la terapia, igualmente de efectivo es visualizar uno de los tantos modelos que nos proporcionan TV y Cine. ¿Ya? Ahora pasamos a crear nuestra frase. Como ejemplo a utilizar podría ser:

AUNQUE
AHORA TENGO UN
PESO
DE <u>Aquí su peso actual</u> KG.
ESA NO SOY YO.
MI VERDADERO PESO
ES DE <u>Aquí su peso ideal</u> KG.

ESA SI QUE SOY
YO.

Céntrese en sus sentidos, dado que en este punto a la vez que está estimulando es muy probable que de nuevo aparezcan pensamientos negativos que debemos tratar. A continuación, hablaremos de ellos. Si le gusta esta frase, mientras sigue estimulando en círculos el **punto de dolor** repita definitivamente la frase:

AUNQUE
**AHORA TENGO UN
PESO DE**
Aquí su peso actual KG.
**ESA NO SOY YO.
MI VERDADERO PESO**
ES DE Aquí su peso ideal KG.
**ESA SI QUE SOY
YO.**

AUNQUE
**AHORA TENGO UN
PESO DE**
Aquí su peso actual KG.
**ESA NO SOY YO.
MI VERDADERO PESO**
ES DE Aquí su peso ideal KG.
**ESA SI QUE SOY
YO.**

AUNQUE
**AHORA TENGO UN
PESO DE**
Aquí su peso actual KG.
**ESA NO SOY YO.
MI VERDADERO PESO**

ES DE <u>Aquí su peso ideal</u> KG.
ESA SI QUE SOY
YO.

Utilizando la escala Likert de 0 a 10. Evalúese.

<u>Aserción.</u>

Sobre el mismo **punto de dolor** inicie la digito presión – tres/cinco (3/5) veces- afirmando:

PERO YO ME ACEPTO CON
<u>Peso actual</u> KG.

PERO YO ME ACEPTO CON
<u>Peso actual</u> KG.

PERO YO ME ACEPTO CON
<u>Peso actual</u> KG.

<u>Secuencia.</u>

Seleccionamos la frase:

ME ACEPTO CON ___KG. Peso actual.

Lleve a cabo tres (3) rondas seguidas.

CJ = el principio de la Ceja. *ME ACEPTO CON ___KG. Peso actual.*
LO = el Lado del ojo. *ME ACEPTO CON ___KG. Peso actual.*
DO = Debajo del ojo. *ME ACEPTO CON ___KG. Peso actual.*
B = Bajo la nariz. *ME ACEPTO CON ___KG. Peso actual.*
M = Mentón. *ME ACEPTO CON ___KG. Peso actual.*
C = Clavícula. *ME ACEPTO CON ___KG. Peso actual.*
BA = Bajo la Axila. *ME ACEPTO CON ___KG. Peso actual.*
BT = Bajo la Tetilla. *ME ACEPTO CON ___KG. Peso actual.*
Pu = Pulgar- *ME ACEPTO CON ___KG. Peso actual.*

DI = Dedo Índice. *ME ACEPTO CON ___ KG*. *Peso actual.*
DM = Dedo Corazón. *ME ACEPTO CON ___ KG*. *Peso actual.*
MÑ =Meñique. *ME ACEPTO CON ___ KG*. *Peso actual.*
PK = Punto Karate. *ME ACEPTO CON ___ KG*. *Peso actual.*

Segunda ronda.

CJ = el principio de la Ceja. *ME ACEPTO CON ___ KG*. *Peso actual.*
LO = el Lado del ojo. *ME ACEPTO CON ___ KG*. *Peso actual.*
DO = Debajo del ojo. *ME ACEPTO CON ___ KG*. *Peso actual.*
B = Bajo la nariz. *ME ACEPTO CON ___ KG*. *Peso actual.*
M = Mentón. *ME ACEPTO CON ___ KG*. *Peso actual.*
C = Clavícula. *ME ACEPTO CON ___ KG*. *Peso actual.*
BA = Bajo la Axila. *ME ACEPTO CON ___ KG*. *Peso actual.*
BT = Bajo la Tetilla. *ME ACEPTO CON ___ KG*. *Peso actual.*
Pu = Pulgar- *ME ACEPTO CON ___ KG*. *Peso actual.*
DI = Dedo Índice. *ME ACEPTO CON ___ KG*. *Peso actual.*
DM = Dedo Corazón. *ME ACEPTO CON ___ KG*. *Peso actual.*
MÑ =Meñique. *ME ACEPTO CON ___ KG*. *Peso actual.*
PK = Punto Karate. *ME ACEPTO CON ___ KG*. *Peso actual.*

Tercera ronda.

CJ = el principio de la Ceja. *ME ACEPTO CON ___ KG*. *Peso actual.*
LO = el Lado del ojo. *ME ACEPTO CON ___ KG*. *Peso actual.*
DO = Debajo del ojo. *ME ACEPTO CON ___ KG*. *Peso actual.*
B = Bajo la nariz. *ME ACEPTO CON ___ KG*. *Peso actual.*
M = Mentón. *ME ACEPTO CON ___ KG*. *Peso actual.*
C = Clavícula. *ME ACEPTO CON ___ KG*. *Peso actual.*
BA = Bajo la Axila. *ME ACEPTO CON ___ KG*. *Peso actual.*
BT = Bajo la Tetilla. *ME ACEPTO CON ___ KG*. *Peso actual.*
Pu = Pulgar- *ME ACEPTO CON ___ KG*. *Peso actual.*
DI = Dedo Índice. *ME ACEPTO CON ___ KG*. *Peso actual.*
DM = Dedo Corazón. *ME ACEPTO CON ___ KG*. *Peso actual.*
MÑ =Meñique. *ME ACEPTO CON ___ KG*. *Peso actual.*
PK = Punto Karate. *ME ACEPTO CON ___ KG*. *Peso actual.*

Al finalizar tres (3) respiraciones completas y de nuevo haga una evaluación de cómo se siente. Recuerde la puntuación y repita hasta llegar a cero (0). Este paso que acabamos de iniciar es de vital importancia, ya que va a ser el que nos va a permitir descubrir nuestros **"peros"** y poder combatirnos. Para ello empiece cogiendo papel, lápiz y escríbalos:

1. Escriba todo lo que le están manifestando sus voces negativas. Aquellas que se han puesto en contra de la afirmación anterior.

AHORA TENGO UN
PESO DE
Aquí su peso actual KG.
Y que ESA NO SOY YO.
Porque MI
VERDADERO PESO
ES DE <u>*Aquí su peso ideal*</u> *KG.*
Y ESA SI QUE SOY
YO.

2. Unos ejemplos a modo de guía, podría ser los que siguen:

    a. *Pero qué tontería es esta, si nunca he podido mantenerme en el peso:*
        i.   *He hecho dietas.*
        ii. *Pasado hambre.*
        iii. *Tomado pastillas.................. y nada ha funcionado. No tengo valor. No puedo hacerlo físicamente.*
    b. *No termino de comprender cómo funciona esto ¿Cuándo veré resultados? ¿Cómo sé que esto funciona? ¿Cómo sé que lo dicho hasta ahora se me está convirtiendo en una creencia?*
    c. *Yo me veo igual. No sé si esto va a funcionar en mí.*
    d. *Esto es una absoluta gilipollez.*
    e. *Esto es imposible. Después de todas las cosas que he hecho*

> *en mi vida, ahora me vienen con que solo con repetir unas palabras, darme golpecitos en el cuerpo y creer; todo va a funcionar.*
>
> f. *Lo que me ocurre es que tengo un esquema corporal grueso, corpulento. Esa es "mi autentica anomalía".*
>
> g. *Siempre "me trago" los problemas de los demás, hasta los míos. No voy a cambiar.*
>
> h. *A ver si me aclaro. Voy a tener que sacrificarme, trabajar duro, obviar cosas, hacer esfuerzos sobrehumanos. Estar mucho tiempo en esto antes de obtener resultados, sabiendo además que terminare dejándolo. Si es que además son muchos años y distintas dietas.*
>
> i. *No me reconozco permitiéndome hacer estas tonterías. ¡En razón estoy como estoy! Creo que es en lo único que les doy la razón; en no saber muchas veces decir no y tragarme el problema.*
>
> j. *Perder peso me recuerda a:*
>> i. *Lucha.*
>> ii. *Sacrificio.*
>> iii. *Dolor.*
>> iv. *Desespero.*
>> v. *Abstinencia……. Y resultados nulos.*
>
> k. *En mi familia somos todos gorditos y estoy convencida que este va a ser mi destino. Esto dice mi madre, y hasta mis mejores amigas.*

3. Ahora, dé una calificación a cada una de las creencias –no las del ejemplo- que acaba de escribir.

3.1.5. Limpiando el camino.

Dado el dominio que puede alcanzar la negación. Su energía con respecto a la afirmación. Lo primero que vamos a llevar a cabo es centrar todo nuestro ardor en la negación de **los peros** y **creencias**, hasta su total destrucción. En este punto vamos a dejar de momento a un lado el **"B"** Es decir, que nuestro peso ideal es de (peso *Peso ideal* Kg) y centrarnos con toda nuestra fuerza en destruir creencias y negaciones. Empecemos a trabajar con una frase negativa. Por ejemplo, el primer pero imaginario que hemos expuesto:

*PERO QUÉ TONTERÍA
ES ESTA,
SI NUNCA HE PODIDO
MANTENERME EN EL
PESO.
HE HECHO DIETAS,
PASADO HAMBRE,
TOMADO PASTILLAS Y
NADA HA
FUNCIONADO.
NO TENGO VALOR.
NO PUEDO HACERLO
FÍSICAMENTE.*

La novedad que tenemos para destruir lo dicho, se debe a que el lugar del cuerpo donde vamos a empezar a trabajar con todas estas creencias negativas, el punto a ser estimulado va a corresponder al **"punto de karate"** y las palabras clave a anclar a lo largo del proceso serán las siguientes:

a) **Nunca pude.** *Aceptar la verdad de que nunca pude.*
b) Se acabó la lucha. Nada que justificar. Es como es.
c) **Sentirme bien.** *Elegir sentirnos bien con nosotros mismos* pase lo que pase. En el fondo siempre hubo una razón para estar como estoy.
d) **Una puerta a la posibilidad.** *Abrir una puerta a la posibilidad.*
e) **Voy a llegar.**

3.1.5.1. Nunca pude. *Aceptar la verdad de que nunca pude.*

Mientras llevamos a cabo digito presión con la mano

dominante, diremos:

Primera ronda.

*A PESAR DE QUE NO
HE PODIDO.*
*He hecho dietas, pasado
hambre, tomado pastillas
y nada ha funcionado.
No tengo valor.
No puedo físicamente hacerlo.*
*YO ME ACEPTO
COMPLETA Y
PROFUNDAMENTE.*

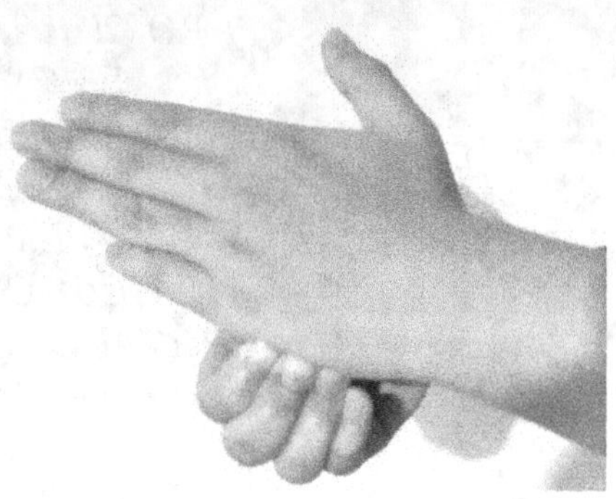

Segunda

*A PESAR DE QUE NO
HE PODIDO.*
*He hecho dietas, pasado hambre,
tomado pastillas
y nada ha funcionado.
No tengo valor.
No puedo físicamente hacerlo.*
*YO ME ACEPTO
COMPLETA Y
PROFUNDAMENTE.*

Tercera

*A PESAR DE QUE NO
HE PODIDO.*
*He hecho dietas, pasado hambre,
tomado pastillas
y nada ha funcionado.
No tengo valor.
No puedo físicamente hacerlo.*
YO ME ACEPTO

COMPLETA Y
PROFUNDAMENTE.

Cuarta

A PESAR DE QUE NO
HE PODIDO.
He hecho dietas, pasado hambre,
tomado pastillas
y nada ha funcionado.
No tengo valor.
No puedo físicamente hacerlo.
YO ME ACEPTO
COMPLETA Y
PROFUNDAMENTE.

Quinta

A PESAR DE QUE NO
HE PODIDO.
He hecho dietas, pasado hambre,
tomado pastillas
y nada ha funcionado.
No tengo valor.
No puedo físicamente hacerlo.
YO ME ACEPTO
COMPLETA Y
PROFUNDAMENTE.

Recuerde que siempre debemos aceptarnos. Transcurridas cinco/siete estimulaciones con esta afirmación, finalizaremos diciendo:

ME ACEPTO COMPLETA Y
PROFUNDAMENTE.

Acabamos de ***aceptarnos***, aunque de nuevo vamos a reforzarlo con PNL. El primer paso está dado. Ahora, a continuación, vamos a trabajar el *sentirnos bien con nosotros mismos* pase lo que pase. A esta frase la acompañaremos de otra gran verdad: usted *tiene suficientes razones para estar como está y sentir lo que está sintiendo.*

3.1.5.2. Sentirme bien. Elegir sentirnos bien con nosotros mismos pase lo que pase.

En el fondo siempre hubo una razón para estar como estoy.

Vamos a incorporar una nueva frase en la que debe contener el siguiente texto: ELIJO SENTIRME BIEN CONMIGO, acompañada de la frase vital donde transmitimos que hartos de estar cansados, de enfrentamientos con nosotros mismos, decidimos aceptar todas aquellas situaciones en las que no cabía otra opción. Desconocíamos otra línea a seguir. Nada que forzar ni echar en cara. Con voz clara y alta diremos: TENGO MIS RAZONES….

Por ejemplo:

A PESAR DE QUE ME
SIENTO FRUSTRADA
de que no he podido.
He hecho dietas.
Pasado hambre.
Tomado pastillas y
nada ha funcionado.
No tengo valor.
No puedo físicamente
hacerlo.
ME ACEPTO
COMPLETA Y
PROFUNDAMENTE
Y ELIJO SENTIRME
BIEN CONMIGO.
TENGO MIS RAZONES

PARA SENTIR ESTO.

<u>Aserción.</u>

Esta elección llevada a cabo estimulando el punto de karate, por primera vez nos está proporcionando una luz de esperanza y por encima de todo, tranquilidad. Dejar de culparnos. Nos permite experimentar cierta paz. Cómo si sintiéramos en nuestro cuerpo habernos desprendido de un "un peso de encima". Estamos iniciando nuestra liberación. Experimentamos el nuevo frescor del aire penetrando en nuestro cuerpo. La cálida luz de fe; de creer. Nos encontramos en afirmaciones que vamos a seguir anclando utilizando nuestro **punto de karate** y la palabra como herramienta emocional.

Esta elección la llevamos a cabo con cinco repeticiones

Primera

A PESAR DE QUE ME
SIENTO FRUSTRADA
de que no he podido.
He hecho dietas.
Pasado hambre.
Tomado pastillas y
nada ha funcionado.
No tengo valor.
No puedo físicamente
hacerlo.
ME ACEPTO
COMPLETA Y
PROFUNDAMENTE
Y ELIJO SENTIRME
BIEN CONMIGO.
TENGO MIS RAZONES
PARA SENTIR ESTO.

Segunda

A PESAR DE QUE ME
SIENTO FRUSTRADA
de que no he podido.
He hecho dietas.
Pasado hambre.
Tomado pastillas y
nada ha funcionado.
No tengo valor.
No puedo físicamente
hacerlo.
ME ACEPTO
COMPLETA Y
PROFUNDAMENTE
Y ELIJO SENTIRME
BIEN CONMIGO.
TENGO MIS RAZONES
PARA SENTIR ESTO.

Tercera

A PESAR DE QUE ME
SIENTO FRUSTRADA
de que no he podido.
He hecho dietas.
Pasado hambre.
Tomado pastillas y
nada ha funcionado.
No tengo valor.
No puedo físicamente
hacerlo.
ME ACEPTO
COMPLETA Y
PROFUNDAMENTE
Y ELIJO SENTIRME
BIEN CONMIGO.

*TENGO MIS RAZONES
PARA SENTIR ESTO.*

Cuarta

*A PESAR DE QUE ME
SIENTO FRUSTRADA*
de que no he podido.
He hecho dietas.
Pasado hambre.
Tomado pastillas y
nada ha funcionado.
No tengo valor.
No puedo físicamente
hacerlo.
*ME ACEPTO
COMPLETA Y
PROFUNDAMENTE
Y ELIJO SENTIRME
BIEN CONMIGO.
TENGO MIS RAZONES
PARA SENTIR ESTO.*

Quinta

*A PESAR DE QUE ME
SIENTO FRUSTRADA*
de que no he podido.
He hecho dietas.
Pasado hambre.
Tomado pastillas y
nada ha funcionado.
No tengo valor.
No puedo físicamente
hacerlo.
*ME ACEPTO
COMPLETA Y*

PROFUNDAMENTE
Y ELIJO SENTIRME
BIEN CONMIGO.
TENGO MIS RAZONES
PARA SENTIR ESTO.

3.1.5.3. Una puerta a la posibilidad.

Nos encontramos en una forma de hacer terapia donde la palabra es un elemento esencial del camino. Después de sentir la agradable sensación que experimentamos de haber dejado de luchar, de aceptarnos, ahora es el momento de ¿Por qué no? de elegir y:

ELIJO ABRIR UNA PUERTA A LA POSIBILIDAD

Para nada queremos crearle problemas, dudas, nuevos fracasos, tan solo vamos a abrir una puerta a la posibilidad. ¿Por qué no? para nada vamos a estar fijando metas, compromisos. Si sale bien correcto, y si sale menos bien; también correcto. Nada de contradicciones, lucha y tensión. Todo es perfecto. Todo es para bien.

Vamos a crear una frase que para nada nos comprometa, pero si conteniendo en su interior una gran carga de ilusión. Necesitamos ilusión. Aire fresco.

ELIJO ABRIR UNA PUERTA
A TRAVÉS DE LA CUAL
ME SIENTA BIEN CONMIGO MISMO
(EN LA IMAGEN FUTURA).

Le recordamos que en estos momentos estamos tratando la primera creencia. Nosotros como ejemplos hemos señalado once y siempre estamos hablando de ejemplos. Estamos hablando de una guía. Usted puede adaptarla a sus necesidades, sentimientos.

Punto de Karate

La siguiente frase a trabajar en el punto de karate podría ser con cinco repeticiones:

*A PESAR DE QUE
SIENTO
FRUSTRACIÓN POR
NO HABER PODIDO.
He hecho dietas.
Pasado hambre.
Tomado pastillas y nada ha
funcionado.
No tengo valor.
No puedo físicamente hacerlo.
ME ACEPTO
COMPLETA Y
ROFUNDAMENTE.
ES QUE ES VERDAD
QUE ASÍ ME SIENTO.
PERO ELIJO ABRIR
UNA PUERTA A LA
POSIBILIDAD.
SENTIR QUE SI QUE
PUEDO.
QUE MI ESFUERZO SE
VERA.
ELIJO ABRIR UNA
PUERTA
A TRAVÉS DE LA CUAL
ME SIENTA BIEN
CONMIGO MISMO.
(EN LA IMAGEN
FUTURA).*

Primera:

**A PESAR DE QUE
SIENTO
FRUSTRACIÓN POR
NO HABER PODIDO.**
He hecho dietas.
Pasado hambre.
Tomado pastillas y nada ha
funcionado.
No tengo valor.
No puedo físicamente hacerlo.
**ME ACEPTO
COMPLETA Y
ROFUNDAMENTE.**
ES QUE ES VERDAD
QUE ASÍ ME SIENTO.
**PERO ELIJO ABRIR
UNA PUERTA A LA
POSIBILIDAD.
SENTIR QUE SI QUE
PUEDO.**
QUE MI ESFUERZO SE
VERA.
**ELIJO ABRIR UNA
PUERTA
A TRAVÉS DE LA CUAL
ME SIENTA BIEN
CONMIGO MISMO.**
(EN LA IMAGEN
FUTURA).

Segunda

**A PESAR DE QUE
SIENTO
FRUSTRACIÓN POR**

NO HABER PODIDO.
He hecho dietas.
Pasado hambre.
Tomado pastillas y nada ha
funcionado.
No tengo valor.
No puedo físicamente hacerlo.
ME ACEPTO
COMPLETA Y
ROFUNDAMENTE.
ES QUE ES VERDAD
QUE ASÍ ME SIENTO.
PERO ELIJO ABRIR
UNA PUERTA A LA
POSIBILIDAD.
SENTIR QUE SI QUE
PUEDO.
QUE MI ESFUERZO SE
VERA.
ELIJO ABRIR UNA
PUERTA
A TRAVÉS DE LA CUAL
ME SIENTA BIEN
CONMIGO MISMO.
(EN LA IMAGEN
FUTURA).

Tercera

A PESAR DE QUE
SIENTO
FRUSTRACIÓN POR
NO HABER PODIDO.
He hecho dietas.
Pasado hambre.
Tomado pastillas y nada ha
funcionado.

No tengo valor.
No puedo físicamente hacerlo.
ME ACEPTO
COMPLETA Y
ROFUNDAMENTE.
ES QUE ES VERDAD
QUE ASÍ ME SIENTO.
PERO ELIJO ABRIR
UNA PUERTA A LA
POSIBILIDAD.
SENTIR QUE SI QUE
PUEDO.
QUE MI ESFUERZO SE
VERA.
ELIJO ABRIR UNA
PUERTA
A TRAVÉS DE LA CUAL
ME SIENTA BIEN
CONMIGO MISMO.
(EN LA IMAGEN
FUTURA).

Cuarta

A PESAR DE QUE
SIENTO
FRUSTRACIÓN POR
NO HABER PODIDO.
He hecho dietas.
Pasado hambre.
Tomado pastillas y nada ha
funcionado.
No tengo valor.
No puedo físicamente hacerlo.
ME ACEPTO
COMPLETA Y
ROFUNDAMENTE.

ES QUE ES VERDAD
QUE ASÍ ME SIENTO.
PERO ELIJO ABRIR
UNA PUERTA A LA
POSIBILIDAD.
SENTIR QUE SI QUE
PUEDO.
QUE MI ESFUERZO SE
VERA.
ELIJO ABRIR UNA
PUERTA
A TRAVÉS DE LA CUAL
ME SIENTA BIEN
CONMIGO MISMO.
(EN LA IMAGEN
FUTURA).

Quinta

A PESAR DE QUE
SIENTO
FRUSTRACIÓN POR
NO HABER PODIDO.
He hecho dietas.
Pasado hambre.
Tomado pastillas y nada ha
funcionado.
No tengo valor.
No puedo físicamente hacerlo.
ME ACEPTO
COMPLETA Y
ROFUNDAMENTE.
ES QUE ES VERDAD
QUE ASÍ ME SIENTO.
PERO ELIJO ABRIR
UNA PUERTA A LA
POSIBILIDAD.

***SENTIR QUE SI QUE
PUEDO.
QUE MI ESFUERZO SE
VERA.
ELIJO ABRIR UNA
PUERTA
A TRAVÉS DE LA CUAL
ME SIENTA BIEN
CONMIGO MISMO.
(EN LA IMAGEN
FUTURA).***

Hemos llegado a la penúltima frase del punto correspondiente a desbrozar los peros y creencias siguiendo los pasos de PNL.

3.1.5.4. Voy a llegar.

Acabamos de llegar a la última frase necesaria para desbrozar nuestro camino hacia el peso ideal. Recordaremos que nos iniciamos con una aceptación, pasamos a la elección para llegar a ilusionarnos con una posibilidad. Ahora, en este punto final dónde nos encontramos vamos a comentar los cambios con los que vamos a trabajar.

1. Hemos suprimido

ME ACEPTO.

Al ser en estos momentos una realidad que no requiere más insistencia. No es necesario. A lo largo de esta terapia usted ha ido incorporado una nueva fuerza, una luz de esperanza, fe; alegría. Usted ya está en condiciones de atreverse. No porque se lo diga la razón, ni creencia alguna sino porque todo su cuerpo se lo está confirmando, diciéndole: "atrévete" ¿Por qué no?

2. En su lugar hemos introducido la necesaria duda.

Necesitamos la duda que desbarate todo inicio de tensión.

NO SE CÓMO LO VOY A HACER.

3. Dicho lo cual, impidiendo cualquier brote de tensión, se va a permitir utilizar su energía para atreverse ¡por fin! a manifestar en la cresta de esta recién ola que le quiere arrastrar hacia donde usted quiere llegar:

PERO VOY A LLEGAR

4. Y como no podría ser de otra manera terminamos la frase con una afirmación:

YO VOY A LLEGAR.

Está convencido. Se acabó el "pero". Se encuentra frente a un nuevo horizonte y lo va a grabar en su cerebro con las herramientas que disponemos.

Vamos con la frase:

A PESAR DE QUE NO
SE
COMO LO VOY A
HACER.
SALIR DE ESTE
PROBLEMA QUE YA ME
TIENE OBSESIONADO.
ELIJO ABRIR UNA
PUERTA PARA
LLEGAR
A ESE PUNTO;
A ESE PONTENCIAL.
A MANIFESTAR LO
QUE QUIERO.

NO SE COMO LO VOY
A HACER,
PERO SE QUE VOY A
LLEGAR ALLÍ.
NO SE COMO VOY A
LLEGAR
PERO VOY A
LLEGAR.
YO VOY A
LLEGAR.

Este ejemplo que acabamos de exponer es el último de la serie que aquí hemos presentado. *Usted* **puede y debe** *incorporar tantos como necesite.* Pero eso sí, siempre será éste el último modelo de ejemplo, por ser al que contiene los últimos cambios necesarios.

Punto de Karate

Estimulando el punto de karate. 5 repeticiones

Primera

A PESAR DE QUE NO
SE
COMO LO VOY A
HACER.
SALIR DE ESTE
PROBLEMA QUE YA ME
TIENE OBSESIONADO.
ELIJO ABRIR UNA
PUERTA PARA
LLEGAR
A ESE PUNTO;
A ESE PONTENCIAL.
A MANIFESTAR LO
QUE QUIERO.

*NO SE COMO LO VOY
A HACER,
PERO SE QUE VOY A
LLEGAR ALLÍ.
NO SE COMO VOY A
LLEGAR
PERO VOY A
LLEGAR.*

**YO VOY A
LLEGAR.**

Segunda

*A PESAR DE QUE NO
SE
COMO LO VOY A
HACER.
SALIR DE ESTE
PROBLEMA QUE YA ME
TIENE OBSESIONADO.
ELIJO ABRIR UNA
PUERTA PARA
LLEGAR*

.

*NO SE COMO LO VOY
A HACER,
PERO SE QUE VOY A
LLEGAR ALLÍ.
NO SE COMO VOY A
LLEGAR
PERO VOY A
LLEGAR.*

**YO VOY A
LLEGAR.**

Tercera

A PESAR DE QUE NO
SE
COMO LO VOY A
HACER.
SALIR DE ESTE
PROBLEMA QUE YA ME
TIENE OBSESIONADO.
ELIJO ABRIR UNA
PUERTA PARA
LLEGAR
A ESE PUNTO;
A ESE PONTENCIAL.
A MANIFESTAR LO
QUE QUIERO.
NO SE COMO LO VOY
A HACER,
PERO SE QUE VOY A
LLEGAR ALLÍ.
NO SE COMO VOY A
LLEGAR
PERO VOY A
LLEGAR.
YO VOY A
LLEGAR.

Cuarta

A PESAR DE QUE NO
SE
COMO LO VOY A
HACER.
SALIR DE ESTE
PROBLEMA QUE YA ME

TIENE OBSESIONADO.
ELIJO ABRIR UNA
PUERTA PARA
LLEGAR
A ESE PUNTO;
A ESE PONTENCIAL.
A MANIFESTAR LO
QUE QUIERO.
NO SE COMO LO VOY
A HACER,
PERO SE QUE VOY A
LLEGAR ALLÍ.
NO SE COMO VOY A
LLEGAR
PERO VOY A
LLEGAR.

YO VOY A

LLEGAR.

Quinta

A PESAR DE QUE NO
SE
COMO LO VOY A
HACER.
SALIR DE ESTE
PROBLEMA QUE YA ME
TIENE OBSESIONADO.
ELIJO ABRIR UNA
PUERTA PARA
LLEGAR
A ESE PUNTO;
A ESE PONTENCIAL.
A MANIFESTAR LO
QUE QUIERO.
NO SE COMO LO VOY

A HACER,
PERO SE QUE VOY A
LLEGAR ALLÍ.
NO SE COMO VOY A
LLEGAR
PERO VOY A
LLEGAR.

YO VOY A
LLEGAR.

3.1.6. Barrido.

Por fin hemos llegamos al momento en que experimentamos como hemos logrado no apreciar en nuestro organismo absolutamente nada ante el primer y último, *pero y creencias*. Es el momento porque hemos llegado el momento de empezar a barrer de nuestro cuerpo alguna posible emoción que pueden estar enquistada y que antes de continuar necesitamos liberar, hacer desaparecer de nuestro organismo. Para ello utilizando un juego de palabras concretas mientras **hacemos digito presión en los puntos**. Con todas las creencias que ha escrito debe llevar a cabo idéntico tratamiento. Frases a pronunciar:

MI FRUSTRACIÓN.
MI IRA.
MI RABIA.
MI DESESPERACIÓN.
MIS GANAS DE TIRAR LA TOALLA.
MIS GANAS DE LLORAR.
MIS GANAS DE MALDECIR.

<u>**Secuencia**</u>

Tres rondas
EMPEZAMOS
CJ = el principio de la Ceja. **Mi frustración.**

LO = el Lado del ojo. *MI ira.*
DO = Debajo del ojo. *Mi rabia.*
B = Bajo la nariz. *Mi desesperación.*
M = Mentón. *Mis ganas de tirar la toalla.*
C = Clavícula. *Mis ganas de llorar.*
BA = Bajo la Axila. *Mis ganas de maldecir.*
BT = Bajo la Tetilla. *Mi frustración.*
Pu = Pulgar- *Mi ira.*
DI = Dedo Índice. *Mi rabia.*
DM = Dedo Corazón. *Mi desesperación*
MÑ =Meñique. *Mis ganas de tirar la toalla.*
PK = Punto Karate. *Mis ganas de llorar.*

Segunda

CJ = el principio de la Ceja. **Mi frustración.**
LO = el Lado del ojo. *MI ira.*
DO = Debajo del ojo. *Mi rabia.*
B = Bajo la nariz. *Mi desesperación.*
M = Mentón. *Mis ganas de tirar la toalla.*
C = Clavícula. *Mis ganas de llorar.*
BA = Bajo la Axila. *Mis ganas de maldecir.*
BT = Bajo la Tetilla. *Mi frustración.*
Pu = Pulgar- *Mi ira.*
DI = Dedo Índice. *Mi rabia.*
DM = Dedo Corazón. *Mi desesperación*
MÑ =Meñique. *Mis ganas de tirar la toalla.*
PK = Punto Karate. *Mis ganas de llorar.*

Tercera

CJ = el principio de la Ceja. **Mi frustración.**
LO = el Lado del ojo. *MI ira.*
DO = Debajo del ojo. *Mi rabia.*
B = Bajo la nariz. *Mi desesperación.*
M = Mentón. *Mis ganas de tirar la toalla.*
C = Clavícula. *Mis ganas de llorar.*

BA = Bajo la Axila. *Mis ganas de maldecir.*
BT = Bajo la Tetilla. *Mi frustración.*
Pu = Pulgar- *Mi ira.*
DI = Dedo Índice. *Mi rabia.*
DM = Dedo Corazón. *Mi desesperación*
MÑ =Meñique. *Mis ganas de tirar la toalla.*
PK = Punto Karate. *Mis ganas de llorar.*

Con lo que hemos acabado de hacer finalizamos el "Primer paso". Empezamos diciendo: **A PESAR DE QUE…… ME ACEPTO COMPLETA Y PROFUNDAMENTE,** hasta poder terminar con la afirmación **YO VOY A LLEGAR.** Hemos conseguido de manera atenta y delicada ir reprogramando nuestras creencias, a la vez que debilitando aquellas barreras puestas por las emociones negativas –usted ha podido constatar cómo le hemos quitado la energía-que nos estaban imposibilitando cualquier inicio de progreso. Hemos difuminando a esas vocecitas o creencias que no hacían más de repetir hasta convencernos que nuestro bien se encontraba permaneciendo en **"A".** Pero ocurre que en estos momentos su realidad ya es otra. Para nada está usted convencido de lo que le repiten esas vocecitas. Ahora ya no se percibe igual. Para nada es usted el mismo ante las antiguas frases. Perdieron su fuerza, intensidad e inclusive; familiaridad.

Ahora que ha llevado con éxito, a buen puerto la secuencia de todos los PEROS. Percibe como su energía está transmutando en su ser. Liberando circuitos energéticos, realidad que está percibiendo a través de la nueva sensación de vitalidad, paz, relajación y tranquilidad alcanzada, precisamente por una nueva creencia: *ahora sí que puede.* **Está convencido/a.** Y todo, no por una repetición rumiada desde su razonamiento sino por la gran verdad que está emanando dentro de su ser. Por la nueva fuerza que todo su cuerpo acaba de descubrir. Definitivamente ya estamos preparados para entrar en el siguiente paso.

3.2. Segundo paso.

3.2.1. Cambio de zona.

En este momento de nueva luz y ampliación de fuerza, de sonreír por el hecho de contemplar el devenir pleno de éxito. Realidad vivida porque la esperanza es vida e ilusión. A veces inclusive, en algunos casos hasta puede llegar a sentir muy lejano "ayer". Ahora que estamos más diáfanos, gracias a las cargas emocionales que nos hemos liberado, vamos a iniciar el nuevo paso. Trabajar libre de cargas el aceptar con soltura y alegría, la realidad en dónde nos encontramos hoy. Vamos a lanzarnos a por más energía. A que tanto nuestro cuerpo como mente "nos acepte sin trabas". La sinceridad es el talismán que desbarata todo mal. Para ello vamos a partir desde la línea base, desde donde nos encontramos, pero con la hermosa diferencia de sentirnos más compactos, más plenos de energía. Ahora vamos a:

3.2.1.1. Aceptando "A"

RECONOCEROS, ACEPTARNOS QUE SE ESTÁ EN "A"

Aceptando que

TODO ES PARA BIEN. TODO ESTÁ BIEN.

En modo alguno queremos decir que lo vemos bien. Que estamos conformes con el peso que tenemos. Tan solo decir una verdad y la aceptamos. Reconocemos el peso que tenemos sintiendo a la vez fuerza por ello, sin complejo alguno y todo ello va a ocurrir porque somos conscientes de la fuerza que hemos adquirido acompañada de su correspondiente confianza. Vamos a luchar y por supuesto a ganar. A ganar siempre a partir de ahora. Por ello es necesario empezar partiendo de nuestra nueva realidad mental verbalizando lo que nuestra mente ya sabe y nuestro cuerpo asume. Aceptar que:

TODO ESTÁ BIEN

Y conscientes de la carga energética que hemos incorporado en nuestro organismo a raíz de haberla liberado de los viejos peros y creencias. De asumir el ayer. Aceptar el hasta ahora. De que esa ha sido nuestra vida. Aceptar sin rabia ni rencor. Momento de estar preparado. Ya puede. Nos encontramos en el paso definitivo de salir de:

SALIR DE LA ZONA "A"

Que no es otra cosa que nuestra zona de confort hasta este momento. La zona que conocemos, dominamos y con la que desde hace tanto tiempo hemos convivido. Digo "hemos convivido" porque hoy ya nos encontramos en el nuevo *tiempo* que nos gusta denominar en nuestro modelo terapéutico "zona transito". Transito porque nos hallamos en la sala donde vamos a ser llamados para entrar en "B", y para ello es requisito que estemos en posesión de nuestro nuevo papel, del distinto rol al que hasta hoy hemos desempeñado. Vamos a necesitar proveernos de nuevas habilidades, introyectar a lo largo de nuestro ser un nuevo tipo de creencias y para ello no cabe otra que elevar nuestro nivel energético. Estamos hablando de que necesitamos aprovisionarnos de un nivel superior de energía para transmutar. Es en este paso donde vamos a incorporar, porque lo necesitamos, un nuevo punto energético; y lo vamos a hacer.

Hemos finalizado con la secuencia de todos los PEROS. Nuestra corriente energética está empezando a fluir y vamos a entrar de lleno en el proceso –ahora nuevo- de anclan en todas las células de nuestro cuerpo todo cuanto somos. Por ello es necesaria aceptar que:

TODO ESTÁ BIEN

Y para definitivamente anclar todo el significado que esta frase entraña, requisito imprescindible para poder transmutar en el nuevo punto energético, utilizaremos el conocido punto de Karate.

Punto de Karate. *Acompañamos como de costumbre algunos ejemplos.*

Ejerciendo digito presión en este punto diremos:

A PESAR DE QUE AHORA
PESO _____ KG.
ME ACEPTO COMPLETA Y
PROFUNDAMENTE Y
TODO ESTÁ BIEN, TODO
ESTÁ BIEN.
YO HE ELEGIDO ESTAR
AQUÍ Y
DE HECHO, ESTOY BIEN,
Y AUNQUE QUIERO
LLEGAR A PESAR
_____ KG.
ESTOY BIEN AQUÍ
Y AUNQUE ESTOY
LIMITADO,
ME ENCUENTRO BIEN,
YO LO MANEJO. NO
QUIERO SUFRIR. CREO
QUE EL SALIR DE AQUÍ
ME PUEDE CAUSAR
SUFRIMIENTO Y
SOLEDAD.

A PESAR DEL MIEDO
QUE TENGO A DEJAR MI
PESO
YO ME ACEPTO
COMPLETAMENTE.

> *A PESAR DEL MIEDO QUE*
> *TENGO*
> *DE IR HACIA "B",*
> *RECONOZCO QUE SE ESTA*
> *TRANQUILO EN "A". QUE*
> *DOMINO "A".*
> *ME SIENTO BIEN EN "A".*

Bien si cogemos como ejemplo este último que lo consideramos muy genérico haciendo digito presión sobre el punto Karate repetiremos cinco veces.

Punto de Karate

Primera

> *A PESAR DEL MIEDO QUE*
> *TENGO*
> *DE IR HACIA "B",*
> *RECONOZCO QUE SE ESTA*
> *TRANQUILO EN "A".*
> *QUE DOMINO "A".*
> *ME SIENTO BIEN EN "A".*

Segunda.

> *A PESAR DEL MIEDO QUE*
> *TENGO*
> *DE IR HACIA "B",*
> *RECONOZCO QUE SE ESTA*
> *TRANQUILO EN "A".*
> *QUE DOMINO "A".*
> *ME SIENTO BIEN EN "A".*

Tercera.

> *A PESAR DEL MIEDO QUE*

TENGO
DE IR HACIA "B",
RECONOZCO QUE SE ESTA
TRANQUILO EN "A". QUE
DOMINO "A".
ME SIENTO BIEN EN "A".

Cuarta

A PESAR DEL MIEDO QUE
TENGO
DE IR HACIA "B",
RECONOZCO QUE SE ESTA
TRANQUILO EN "A". QUE
DOMINO "A".
ME SIENTO BIEN EN "A".

Quinta

A PESAR DEL MIEDO QUE
TENGO
DE IR HACIA "B",
RECONOZCO QUE SE ESTA
TRANQUILO EN "A". QUE
DOMINO "A".
ME SIENTO BIEN EN "A".

Secuencia.

Ahora pasamos a la Secuencia. DONDE EL TEXTO LO CAMBIAMOS. UNO PARA LOS PUNTOS DEL PECHO Y OTROS PARA LA MANO INCLUIDO EL PUNTO DE KARATE.

3.2.1.2. Eligiendo "B"

Estamos en condiciones de "pasar al otro lado" Ahora sí. Nos

encontramos en el momento de "abandonar la zona de tránsito"
Para ello, en el proceso último de la secuencia, cuando estamos
estimulado los dedos

9-DP
10-DI
11-DM
12- MÑ
13- PK

Diremos:

PERO ELIJO IR A "B".
IR A "B".
AUNQUE TODO ESTA BIEN AQUÍ, ELIJO IR A "B".
ELIJO IR A "B".

Empezamos la secuencia.

Digito presión en los puntos clave verbalizando:

CJ = el principio de la Ceja. ME SIENTO BIEN EN A
LO = el Lado del ojo. ESTOY TRANQUILO EN A
DO = Debajo del ojo ESTOY TRANQUILO
B = Bajo la nariz. TODO ESTÁ BIEN.
M = Mentón. TODO ESTÁ BIEN.
C = Clavícula. TODO ESTÁ BIEN AQUÍ
BA = Bajo la Axila. TODO ESTÁ BIEN AQUÍ
BT = Bajo la Tetilla TODO ESTÁ BIEN EN MI VIDA.

Pasamos al Punto de Karate.
Y al pasar a la mano, desde el PU pulgar hasta el Punto de Karate
diremos:

Pu = Pulgar. PERO ELIJO IR A B
DI = Dedo Índice IR A B.
DM = Dedo Medio. AUNQUE TODO ESTA BIEN AQUÍ, ELIJO IR A B.
MÑ =Meñique. ELIJO IR A B
PK = Punto Karate. ELIJO IR A B.

Repetimos Segundo.

CJ = el principio de la Ceja. ME SIENTO BIEN EN A
LO = el Lado del ojo. ESTOY TRANQUILO EN A
DO = Debajo del ojo ESTOY TRANQUILO
B = Bajo la nariz. TODO ESTÁ BIEN.
M = Mentón. TODO ESTÁ BIEN.
C = Clavícula. TODO ESTÁ BIEN AQUÍ
BA = Bajo la Axila. TODO ESTÁ BIEN AQUÍ
BT = Bajo la Tetilla TODO ESTÁ BIEN EN MI VIDA.

Y al pasar a la mano, desde el PU pulgar hasta el Punto de Karate diremos:

Pu = Pulgar. PERO ELIJO IR A B
DI = Dedo Índice IR A B.
DM = Dedo Medio. AUNQUE TODO ESTA BIEN AQUÍ, ELIJO IR A B.
MÑ =Meñique. ELIJO IR A B
PK = Punto Karate. ELIJO IR A B.

3 Repetimos

CJ = el principio de la Ceja. ME SIENTO BIEN EN A
LO = el Lado del ojo. ESTOY TRANQUILO EN A
DO = Debajo del ojo ESTOY TRANQUILO
B = Bajo la nariz. TODO ESTÁ BIEN.
M = Mentón. TODO ESTÁ BIEN.
C = Clavícula. TODO ESTÁ BIEN AQUÍ

BA = Bajo la Axila. TODO ESTÁ BIEN AQUÍ
BT = Bajo la Tetilla TODO ESTÁ BIEN EN MI VIDA.

Y al pasar a la mano, desde el PU pulgar hasta el Punto de Karate diremos:

Pu = Pulgar. PERO ELIJO IR A B
DI = Dedo Índice IR A B.
DM = Dedo Medio. AUNQUE TODO ESTA BIEN AQUÍ, ELIJO IR A B.
MÑ =Meñique. ELIJO IR A B
PK = Punto Karate. ELIJO IR A B.

4 Repetimos

CJ = el principio de la Ceja. ME SIENTO BIEN EN A
LO = el Lado del ojo. ESTOY TRANQUILO EN A
DO = Debajo del ojo ESTOY TRANQUILO
B = Bajo la nariz. TODO ESTÁ BIEN.
M = Mentón. TODO ESTÁ BIEN.
C = Clavícula. TODO ESTÁ BIEN AQUÍ
BA = Bajo la Axila. TODO ESTÁ BIEN AQUÍ
BT = Bajo la Tetilla TODO ESTÁ BIEN EN MI VIDA.

Y al pasar a la mano, desde el PU pulgar hasta el Punto de Karate diremos:

Pu = Pulgar. PERO ELIJO IR A B
DI = Dedo Índice IR A B.
DM = Dedo Medio. AUNQUE TODO ESTA BIEN AQUÍ, ELIJO IR A B.
MÑ =Meñique. ELIJO IR A B
PK = Punto Karate. ELIJO IR A B.

5 Repetimos

CJ = el principio de la Ceja. ME SIENTO BIEN EN A

LO = el Lado del ojo. ESTOY TRANQUILO EN A
DO = Debajo del ojo ESTOY TRANQUILO
B = Bajo la nariz. TODO ESTÁ BIEN.
M = Mentón. TODO ESTÁ BIEN.
C = Clavícula. TODO ESTÁ BIEN AQUÍ
BA = Bajo la Axila. TODO ESTÁ BIEN AQUÍ
BT = Bajo la Tetilla TODO ESTÁ BIEN EN MI VIDA.

Y al pasar a la mano, desde el PU pulgar hasta el Punto de Karate diremos:

Pu = Pulgar. PERO ELIJO IR A B
DI = Dedo Índice IR A B.
DM = Dedo Medio. AUNQUE TODO ESTA BIEN AQUÍ, ELIJO IR A B.
MÑ =Meñique. ELIJO IR A B
PK = Punto Karate. ELIJO IR A B.

Punto de la Mano.

Y por primera vez, ¡Por fin estamos preparados! vamos a **ejecutar el ansiado paso** haciendo uso de la llave del cambio. Del punto de intersección de los dedos anular y menique; también llamado punto de las nueve gamas. El **punto energético** que nos va a **facilitar la entrada en la sala de despegue. La anhelada mutación.**

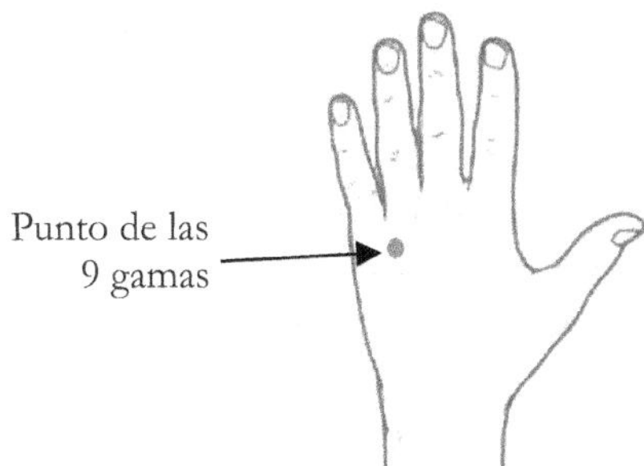

Ahora, en este momento, a continuación de la anterior frase, estimulando este punto de intersección entre los dedos anular y meñique, diremos con toda nuestra fuerza a lo largo de tres repeticiones:

ELIJO CRECER
Y EXPERIMENTAR EL
NUEVO POTENCIAL
PORQUE

EN "B" HAY MÁS

LIBERTAD,

MÁS PODER,

MÁS

POSIBILIDADES.

QUIERO

EXPERIMENTAR

MIS

POSIBILIDADES

QUE SE
QUE PUEDO TENER
EN "B".

A PESAR DEL

RIESGO.

A PESAR DEL

MIEDO

DE DEJAR EL
CONFORT DE "A",

ELIJO IR A "B"

Y DISFRUTAR DEL
MIEDO,
RIESGO,

*AVENTURA DE
LLEGAR A "B".*

Otra vez

*ELIJO CRECER
Y EXPERIMENTAR EL
NUEVO POTENCIAL
PORQUE
EN "B" HAY MÁS
LIBERTAD,
MÁS PODER,
MÁS
POSIBILIDADES.
QUIERO
EXPERIMENTAR
MIS
POSIBILIDADES
QUE SE
QUE PUEDO TENER
EN "B".*

*A PESAR DEL
RIESGO.
A PESAR DEL
MIEDO
DE DEJAR EL
CONFORT DE "A",
ELIJO IR A "B"
Y DISFRUTAR DEL
MIEDO,*

RIESGO,
AVENTURA DE
LLEGAR A "B".

ELIJO CRECER
Y EXPERIMENTAR EL
NUEVO POTENCIAL
PORQUE
EN "B" HAY MÁS
LIBERTAD,
MÁS PODER,
MÁS
POSIBILIDADES.
QUIERO
EXPERIMENTAR
MIS
POSIBILIDADES
QUE SE
QUE PUEDO TENER
EN "B".

A PESAR DEL
RIESGO.
A PESAR DEL
MIEDO
DE DEJAR EL
CONFORT DE "A",
ELIJO IR A "B"
Y DISFRUTAR DEL
MIEDO,
RIESGO,

AVENTURA DE LLEGAR A "B".

Terminada la frase de nuevo volveremos al punto Karate y diremos:

Punto de Karate.

*QUIERO
EXPERMIENTAR
CONSCIENTEMENTE.
QUIERO VER MI
POTENCIAL
EXPRESADO.*

*QUIERO VER MI
POTENCIAL
EN PLENA
EXPANSIÓN.*

*QUIERO VER MI
PODER
EXPRESADO.*

*QUIERO SER "B".
ACEPTO QUE
QUIERO SER "B".
A PESAR DE LO BIEN
QUE SE ESTÁ EN "A",
QUE LO DOMINO Y LO
CONTROLO Y
QUE NO DOMINO NI
CONTROLO "B".*

RECONOZCO QUE
QUIERO IR A "B".

AUNQUE NO
CONTROLE,
QUIERO IR A "B" Y
VOY A LLEGAR A
"B", Y
LO VOY A
EXPERIMENTAR.

Demos gracias. Nos hallamos en el momento en que las voces negativas se están transmutando en sabiduría. En experiencia: puro aprendizaje. Nos estamos descubriendo en plena proceso de maduración. Acabamos de entrar en la sala en donde somos gobernadores; lo demás son voces consejeras. *Viejas voces; aquellas que hasta "ayer" nos bloqueaban ahora acaban de postrarse, y el acatamiento que nos proporciona el poder recién adquirido, los peros han pasado a ser consejeros del bien.*

Con este nuevo nivel adquirido nos pasamos a aceptar que tenemos miedo a perder si nos vamos a "B" pero que pase lo que pase me acepto.

<u>**Aserción.**</u>

Sobre él punto de dolor, estimulándolo directamente con digito presión diremos:

A PESAR DE MI MIEDO
A PERDER LO QUE
TENGO
SI ME VOY A "B",
ME ACEPTO COMPLETA Y

PROFUNDAMENTE.
ACEPTO MI MIEDO,
ESTE TEMOR A
PERDER ES REAL.

A PESAR DE MI TEMOR
A QUE SI ME ARRIESGO IR
A "B" PUEDO PERDERLO
TODO, Y
VIVIR LA SOLEDAD,
ME ACEPTO
COMPLETA Y
PROFUNDAMENTE.

A PESAR DE MI MIEDO
A QUE ME PASE ESTO
Y
SENTIR SOLEDAD,
YO ME ACEPTO
COMPLETA Y
PROFUNDAMENTE.

Secuencia ½

Puntos pecho:

CJ = el principio de la Ceja. MI MIEDO A PERDER.
LO = el Lado del ojo. MI MIEDO A LA SOLEDAD
DO = Debajo del ojo LLENO MI SOLEDAD CON PESO
B = Bajo la nariz. MI MIEDO A PERDER LA COMPAÑIA.
M = Mentón. MI MIEDO A PERDER.
C = Clavícula. MI MIEDO A PERDER Y QUE TODO SEA MALO
BA = Bajo la Axila. MI MIEDO A QUEDARME ENEL

VACIO Y SUFRIR
BT = Bajo la Tetilla MI MIEDO AL VACIO.

Y al pasar a la mano, desde el PU pulgar hasta el Punto de Karate diremos:

Pu = Pulgar. A PESAR DE ESTE TEMOR TODO ESTÁ BIEN.
DI = Dedo Índice ESCUCHO TUS VOCES, ELIJO ESCUCHAR.
DM = Dedo Medio. ELIJO TRATARME CON SEGURIDAD.
MÑ =Meñique. TODO ESTÁ BIEN.
PK = Punto Karate. TODO ESTÁ BIEN.

Punto de la mano. *La llave del cambio.*

Nos estamos acercando hacia la mutación, al anclaje y verbalizamos en este punto de intersección:

SIN RIESGO.
A PESAR DE TODO, A
PESAR DE LO QUE
SIENTO, A PESAR DE
LO QUE ME DICEN,
ELIJO LLEGAR A "B".

VOY A ENCONTRAR LA
FORMA DE LLEGAR A
"B"
SIN RIESGO, CON
SEGURIDAD.

A PESAR DE QUE
TENGO MIEDO

DE QUE TODO SE VAYA AL DIABLO, ELIJO IR A "B", PERO SIN RIESGO, CON SEGURIDAD.

Respiramos profundamente.

¿Qué es lo que acabamos de hacer?

Hemos incluido en **"B"** todas las esencias de **"A"**. Las idénticas y potentes armas que nos ataban en **"A"** y que siempre nos vencían hasta el cansancio, que nos estaban demoliendo porque a pesar de nuestro descontento, sabían trabajar nuestras creencias y complejos, proporcionándonos a cambio: *una venenosa seguridad, falsa energía y el ilusorio canto de que todo va a ir bien.* Ahora la energía de esta falsedad, todo su material bélico, con el proceso que acabamos de llevar a cabo, han sido incorporadas.

También hemos bloqueado nuestros miedos, los hemos cercados, y constatando esta realidad. De golpe nos hemos dado cuenta en que acabamos de tomar el timón de nuestras vidas. Solo hasta hace unos minutos "ayer ya" ellos eran los fuertes. "Los miedos e inseguridades" que manejaban a través de dudas, artimañas y titubeos nuestras vidas. HOY SOMOS NOSOTROS LOS QUE DIRIGIMOS. NOSOTROS LOS QUE MANEJAMOS. Constatamos que estamos en presencia de una seguridad que nos va a facilitar el camino. Sintamos agradecimiento.

3.2.2. Recurso interno: su activación.

Acabamos de traspasar el umbral y ahora, en este módulo, con la nueva energía incorporada, con todo el material bélico capturado, estamos en condiciones de activar el recurso interno que nos va a permitir remodelarnos con el potencial que ya poseemos. Vamos a trabajar nuestra nueva imagen. Nos marchamos a **"B"**.

Iniciamos.

Sentados cómodamente, con los ojos cerrados nos centramos en nuestra respiración. Mientras llevamos a cabo este ejercicio repasamos nuestro cuerpo a través de la atención en nuestros miembros. Tres (3) respiraciones completas, dependiendo del tiempo que utilicemos para llevar a cabo nuestra total atención. En este estado nos centramos en el cerebro para constatar la pequeña inquietud que manifiesta. Sentimos la emisión de ondas Alfa. En este estado, cerramos los ojos y miramos hacia "B", hacia nuestro nuevo rol, al papel dónde nos vamos a anclar gracias a toda la energía que acabamos de transmutar. Nos vamos al nuevo estado con todo nuestro poder. En este momento, con los ojos cerrados, vamos a visualizarnos a nosotros mismos en el papel de "B". En el caso que nos cueste, como ya comentamos en su momento, también podemos visualizar a un modelo en "B".

Propuesta.

Desde el punto de dolor, estimulando su círculo con los dedos índice y corazón llevaremos a cabo los siguientes pasos:

Primero

Abrirnos a la posibilidad que tenemos de convertirnos en ese modelo. Si, *"nos damos la posibilidad"* mientras vamos descubriendo como todo nuestro cuerpo se carga de energía, permitiéndonos inyectar confianza, fuerza, fe en convertirnos en ese modelo. Claro que sí. Usted puede.

a. Fijado el modelo, empezamos a explorarlo; recréese en su observación. Comience a sentir el placer de estar usted "ahí" próximamente. Si le viene un pensamiento viejo, deséchelo de inmediato. Usted ya paso el umbral. Enamórese de ese modelo. Al cargar esta intención es muy probable que le lleguen a su mente "resistencias a ese modelo". Señal de que está venciendo. Ahora fíjese que resistencia le está poniendo la vieja **"A"** con respecto a **"B"** y siga con su modelo. Siga disfrutando de él, recréese, pues muy pronto usted será el modelo. Ame profundamente a **"B"** tómele todo el cariño que pueda. Cárguelo con toda la energía que tiene acumulada. Deséelo. Vívalo.

b. Le confirmo que, si ha podido visualizar **"B"**, usted ya tiene integrada en su ser ese potencial. Si lo tiene, quiere decirse que lo puso en práctica antes en **"A"**.

Segundo

De nuevo nos centramos en nuestra respiración. Tres (3) respiraciones completas, y manteniendo la estimulación en el punto de dolor nos vamos a trasladar a un fuerte sentimiento de logro que, con anterioridad, reciente o de años atrás usted alcanzó. Véalo. Cuando hablamos de logro nos estamos refiriendo a: fin de una etapa académica, el nacimiento de su hijo, el haber ganado en un deporte. Su primer día de trabajo. Un trofeo, una oposición, etc. Nuestra pretensión es conseguir que al recordar la escena de nuevo le esté generando el "fuerte y agradable sentimiento del ayer". Esto es lo que necesitamos. ¿Conseguido? Ahora con ese sentimiento retomado de nuevo véase en **"B"**. Aprisiónelo y téngalo a **"B"**. Véase en **"B"** acompañado del sentimiento recién capturado. Siéntase en **"B"** cargado de triunfo. De éxito.

Ahora, en este estado nos trasladamos al punto de karate.

Punto de karate.

Empecemos con frases como estas:

AUNQUE CREO QUE NO DOMINO
COMPLETAMENTE
LA SITUACIÓN, NI MI PODER.
AUNQUE CREO QUE NO TENGO
SUFICIENTE VALOR
Y NO PUEDO LOGRARLO
YO SE QUE TENGO VALOR.
YO SE QUE TENGO POTENCIAL
Y SE QUE LO VOY A LOGRAR.

AUNQUE CREO QUE NO TENGO
VALOR,
YO SI TENGO VALOR
Y ADEMÁS YO SI ME VALORO.
YO SI SE QUE PUEDO.
YO SI SE QUE PUEDO LLEGAR A
escriba peso ideal Kg.
YO ME VALORO MUCHO.

AUNQUE TODAVÍA
NO ME VALORO Y SIENTO ESTE
VACÍO AL PENSAR EN MI PESO.
YO ME AMO.
YO TENGO PODER Y
SOY MUY BUENA EN TODO LO
QUE HAGO
POR ESO SE QUE VOY A
LOGRARLO
COMO HE LOGRADO EL Aquí haga
constar uno de sus logros: carrera,
promoción en su empresa, cualquier
éxito
CON MI EMPUJE Y MI
INTELIGENCIA.
SOY MAGNIFICA CON MI FUERZA
DE VOLUNTAD

Y CON LLEGAR A SER LO QUE
QUIERO.
Y LO QUE QUIERO ES LLEGAR A
"B".

AUNQUE TODAVÍA TENGO
DUDAS EN LLEGAR
A MI PESO DE <u>Escriba aquí su peso ideal, su</u>
<u>peso en "B"</u> Kg.
ESO NO QUIERE DECIR QUE YO
NO TENGA VALOR Y QUE NO ME
AME.
YO ELIJO.
ASÍ COMO DOMINO MI TRABAJO Y
MIS PROYECTOS;
DOMINAR MI PESO.

ASÍ COMO ME MUEVO Y ACTÚO
EN MIS PROYECTOS,
ME VOY A MOVER EN
MI SITUACIÓN CON LA PÉRDIDA
DE PESO.

<u>Secuencia.</u>

A continuación, sin ninguna pérdida de tiempo con digito presión empezamos a estimular los puntos acompañados con la palabra frase significativa.

Solo puntos del pecho:

CJ = el principio de la Ceja. MI SEGURIDAD.
LO = el Lado del ojo. MI SEGURIDAD.
DO = Debajo del ojo MI SEGURIDAD EN MÍ MISMO.
B = Bajo la nariz. MI CAPACIDAD.
M = Mentón. MI SEGURIDAD EN MÍ MISMO.
C = Clavícula. MI CAPACIDAD. MI PODER, AUTOESTIMA.

BA = Bajo la Axila. MI SEGURIDAD EN MÍ MISMO.
BT = Bajo la Tetilla MI AUTOVALORACIÓN.

Repetimos

CJ = el principio de la Ceja. MI SEGURIDAD.
LO = el Lado del ojo. MI SEGURIDAD.
DO = Debajo del ojo MI SEGURIDAD EN MÍ MISMO.
B = Bajo la nariz. MI CAPACIDAD.
M = Mentón. MI SEGURIDAD EN MÍ MISMO.
C = Clavícula. MI CAPACIDAD. MI PODER, AUTOESTIMA.
BA = Bajo la Axila. MI SEGURIDAD EN MÍ MISMO.
BT = Bajo la Tetilla MI AUTOVALORACIÓN.

Efectuamos una profunda respiración y continuamos.

Como puede, visualícese que está saliendo de la "vieja habitación **"A"**, con todo su nuevo poder. Acaba de obtener triunfo por lo que se está permitiendo ir acompañada de sus viejos consejeros, mientras va visualizando su entrada en **"B"** En este momento debe empezar a estimular los dedos y con energía verbaliza:

Dedos.

desde el PU pulgar hasta el Punto de Karate diremos:

Pu = Pulgar. FUERTE.
DI = Dedo Índice DINÁMICO.
DM = Dedo Medio. FLUIDO.
MÑ =Meñique. AUTOESTIMA.
PK = Punto Karate. FUERTE.

Repetimos.
Pu = Pulgar. FUERTE.
DI = Dedo Índice DINÁMICO.
DM = Dedo Medio. FLUIDO.

MÑ =Meñique. AUTOESTIMA.
PK = Punto Karate. FUERTE.

Nos pasamos al punto de la mano y diremos:

Punto de la mano.

AMOR.
GUERRERO.
QUE TENEMOS MUCHA SEGURIDAD.
QUE SABEMOS COMO ARRIESGARNOS.
TENGO VALOR Y PODER PARA HACER LO QUE
QUIERO.

De nuevo nos pasamos al punto de karate para cargarnos de
fuerza; energía.

Punto de karate.

AUNQUE TENGO MIEGO DE
NO LOGRARLO,
PERDER
Y TENER QUE VOLVER A
EMPEZAR. AUNQUE NO LO
LOGRE,
ES DIVERTIDO.

AUNQUE TENGO MIEDO Y
DUDAS
VOY A DIVERTIRME
EN EL PROCESO,
VOY A
PERFECCIONARME Y
DOMINAR
MI PESO.

AUNQUE TENGO MIEDO Y

> *ES ARRIESGADO EL*
> *HACERLO,*
> *ME LEVANTO Y LO HAGO*
> *DE NUEVO. DISFRUTO*
> *MUCHO HACIÉNDOLO.*
> *ME VOY PARA "B"*
> *DEFINITIVAMENTE.*

3.3. Tercer paso.

Todo el agradecimiento a nuestro cuerpo.

3.3.1. Agradecimiento y perdón.

Ya nos encontramos en el proceso de agradecimiento. Para ello vamos a empezar la secuencia ejerciendo digito presión en **el punto de dolor** con las posibles frases que acompañamos. *Como ya dejamos dichos desde el principio, estas pueden ser cambiadas tanto total como parcialmente en función de nuestros sentimientos.*

<u>Aserción</u>

> *TE AGRADEZCO POR*
> *"SOSTENERTE EN TI*
> *MISMO".*
> *POR SOSTENER*
> *TODO MI DOLOR, TENSIÓN*
> *Y PESO EMOCIONAL*
> *QUE YO NO HE SIDO CAPAZ*
> *DE RECICLAR NI INTEGRAR*
> *EN MÍ CONCIENCIA,*
> *POR LO CUAL*
> *SE QUE TÚ ME HAS DADO*
> *LA AYUDA EN ESTO EN TI.*
> *HAS CARGADO CON LO QUE*
> *YO NO HE PODIDO.*

*TE AGRADEZCO POR
SOSTENERTE.
POR SOSTENER
MI DOLOR Y MI
SENTIMIENTO DE
SOLEDAD.
CARGAR CON ESTE PESO
QUE YO
HE MANTENIDO OCULTO,
CON EL VACÍO QUE HE
LLENADO
CON PESO EN TI.*

*TE PIDO PERDÓN POR
EL DESPRECIO QUE HE
HECHO EN TU <u>SERVICIO
INCONDICIONAL</u>
QUE ME HAS DADO Y
LLEVAR POR MÍ ESTA
CARGA.*

<u>Secuencia.</u>

Finalizado pasamos a la secuencia.
En todos los puntos repetimos la misma palabra.

PERDÓNAME.

Repetimos la serie.

Ahora expresando nuestro agradecimiento.

CJ = el principio de la Ceja. . *MUCHAS GRACIAS*
LO = el Lado del ojo. *MUCHAS GRACIAS*
DO = Debajo del ojo *MUCHAS GRACIAS*
B = Bajo la nariz. *MUCHAS GRACIAS*.
M = Mentón. *MUCHAS GRACIAS*.

C = Clavícula. *MUCHAS GRACIAS*
BA = Bajo la Axila. *MUCHAS GRACIAS*
BT = Bajo la Tetilla *MUCHAS GRACIAS*.

Pu = Pulgar. *MUCHAS GRACIAS*
DI = *MUCHAS GRACIAS*
DM = *MUCHAS GRACIAS*
MÑ = *MUCHAS GRACIAS*

3.4. Cuarto paso.

3.4.1. Liberando al cuerpo.

<u>Aserción</u>

Sobre el punto de dolor, ejercitamos digito presión acompañada de la siguiente frase que repetiremos **tres (3) veces**:

*TE LIBERO DE ESTE PESO
EMOCIONAL.
TE DESCARGO DE ESTE
PESO
PORQUE YO ASUMO ESTA
EMOCIÓN.
MI INTENCIÓN FUE,
LA DE GUARDARME
Y PROTEGERME DENTRO
DE TI.
TU HAS HECHO CUANTO
TE HE PEDIDO,
PERO AHORA ACEPTO ESTO
Y
ACEPTO MI EMOCIÓN Y TE
LIBERO.
MI DECISIÓN ES QUE MI
PESO ES peso ideal Kg.
Y ESO ES LO QUE PESO*

*Y CON MUCHO AMOR LO
ACEPTO,
PORQUE SOY YO
Y ME AMO.
ME ACEPTO A MI MISMO.*

*TE LIBERO DE ESTE PESO
EMOCIONAL.
TE DESCARGO DE ESTE
PESO
PORQUE YO ASUMO ESTA
EMOCIÓN.
MI INTENCIÓN FUE,
LA DE GUARDARME
Y PROTEGERME DENTRO
DE TI.
TU HAS HECHO CUANTO
TE HE PEDIDO,
PERO AHORA ACEPTO ESTO
Y
ACEPTO MI EMOCIÓN Y TE
LIBERO.
MI DECISIÓN ES QUE MI
PESO ES peso ideal Kg.
Y ESO ES LO QUE PESO
Y CON MUCHO AMOR LO
ACEPTO,
PORQUE SOY YO
Y ME AMO.
ME ACEPTO A MI MISMO.*

*TE LIBERO DE ESTE PESO
EMOCIONAL.
TE DESCARGO DE ESTE
PESO
PORQUE YO ASUMO ESTA
EMOCIÓN.*

MI INTENCIÓN FUE,
LA DE GUARDARME
Y PROTEGERME DENTRO
DE TI.
TU HAS HECHO CUANTO
TE HE PEDIDO,
PERO AHORA ACEPTO ESTO
Y
ACEPTO MI EMOCIÓN Y TE
LIBERO.
MI DECISIÓN ES QUE MI
PESO ES peso ideal Kg.
Y ESO ES LO QUE PESO
Y CON MUCHO AMOR LO
ACEPTO,
PORQUE SOY YO
Y ME AMO.
ME ACEPTO A MI MISMO.

Secuencia.

Pasamos a la secuencia.

En todos los puntos repetimos la misma palabra.

CJ = el principio de la Ceja. *TE LIBERO. TE DESCARGO.*
LO = el Lado del ojo. *TE LIBERO. TE DESCARGO.*
DO = Debajo del ojo *TE LIBERO. TE DESCARGO.*
B = Bajo la nariz. *TE LIBERO. TE DESCARGO.*
M = Mentón. *TE LIBERO. TE DESCARGO.*
C = Clavícula. *TE LIBERO. TE DESCARGO.*
BA = Bajo la Axila. *TE LIBERO. TE DESCARGO.*
BT = Bajo la Tetilla *TE LIBERO. TE DESCARGO.*

Pu = Pulgar. *TE LIBERO. TE DESCARGO.*
DI = *TE LIBERO. TE DESCARGO.*
DM = *TE LIBERO. TE DESCARGO.*

MÑ = *TE LIBERO. TE DESCARGO.*
PK = *TE LIBERO. TE DESCARGO.*

Repetimos serie.

Con un acto de amorosa responsabilidad.

CJ = el principio de la Ceja. *YO ASUMO LA EMOCIÓN CON AMOR.*
LO = el Lado del ojo. *YO ASUMO LA EMOCIÓN CON AMOR.*
DO = Debajo del ojo *YO ASUMO LA EMOCIÓN CON AMOR.*
B = Bajo la nariz. *YO ASUMO LA EMOCIÓN CON AMOR.*
M = Mentón. *YO ASUMO LA EMOCIÓN CON AMOR.*
C = Clavícula. *YO ASUMO LA EMOCIÓN CON AMOR.*
BA = Bajo la Axila. *YO ASUMO LA EMOCIÓN CON AMOR.*
BT = Bajo la Tetilla *YO ASUMO LA EMOCIÓN CON AMOR.*

Pu = Pulgar. *YO ASUMO LA EMOCIÓN CON AMOR.*
DI = *YO ASUMO LA EMOCIÓN CON AMOR.*
DM = *YO ASUMO LA EMOCIÓN CON AMOR.*
MÑ = *YO ASUMO LA EMOCIÓN CON AMOR.*
PK = *YO ASUMO LA EMOCIÓN CON AMOR.*

Respiramos profundamente
Inspiramos
Exhalamos.
Inspiramos.
Exhalamos

Pasamos al:

3.5. Quinto paso.

3.5.1. Peso Ideal

Por fin acabamos de llegar al último paso donde nos vamos a anclar nuestro peso ideal. Aquel que a lo largo de la sesión hemos estado visualizando. Sigamos:

<u>**Aserción.**</u>

De nuevo sobre el punto de dolor *ejercitando digito presión* con los dedos índice y corazón *repitiendo tres veces* verbalizaremos la siguiente frase.

MI PESO NORMAL ES DE
<u>*Aquí escribir el peso ideal*</u> *Kg.*
ESTO ES LO QUE PESO.
TÚ, MI CUERPO HAS QUERIDO
REGALARME ESTE PESO,
TU INTELIGENCIA
MOLECULAR Y CUÁNTICA
HACE QUE ESTEMOS EN
<u>*Aquí escribir el peso ideal*</u> *Kg.*
MI CUERPO ES UN SER INTELIGENTE
Y MIS CÉLULAS SABEN QUE
NUESTRO PESO ES DE
<u>*Aquí escribir el peso ideal*</u> *Kg*
ESTO ES LO QUE PESAMOS.
TU INTENCIÓN HA SIDO
SIEMPRE LA DE AYUDARME
TE AGRADEZCO ESTA
BUENA INTENCION DE
ESTAR AHÍ
SIEMPRE APOYÁNDOME,
ACEPTO TU REGALO

ACEPTO EL PESO DE
<u>*Aquí escribir el peso ideal*</u> *Kg,*
TE AMO CON TODAS TUS
CUALIDADES,
AMO TU INTELIGENCIA
TU SERVICIO
INCONDICIONAL.

MI PESO NORMAL ES DE
<u>*Aquí escribir el peso ideal*</u> *Kg.*
ESTO ES LO QUE PESO.
TÚ, MI CUERPO HAS
QUERIDO
REGALARME ESTE PESO,
TU INTELIGENCIA
MOLECULAR Y CUÁNTICA
HACE QUE ESTEMOS EN
<u>*Aquí escribir el peso ideal*</u> *Kg.*
MI CUERPO ES UN SER
INTELIGENTE
Y MIS CÉLULAS SABEN QUE
NUESTRO PESO ES DE
<u>*Aquí escribir el peso ideal*</u> *Kg*
ESTO ES LO QUE PESO.
TU INTENCIÓN HA SIDO
SIEMPRE LA DE AYUDARME
TE AGRADEZCO ESTA
BUENA INTENCION DE
ESTAR AHÍ
SIEMPRE APOYÁNDOME,
ACEPTO TU REGALO
ACEPTO EL PESO DE
<u>*Aquí escribir el peso ideal*</u> *Kg,*
TE AMO CON TODAS TUS
CUALIDADES,
AMO TU INTELIGENCIA
TU SERVICIO

INCONDICIONAL.

MI PESO NORMAL ES DE
Aquí escribir el peso ideal Kg.
ESTO ES LO QUE PESO.
TÚ, MI CUERPO HAS
QUERIDO
REGALARME ESTE PESO,
TU INTELIGENCIA
MOLECULAR Y CUÁNTICA
HACE QUE ESTEMOS EN
Aquí escribir el peso ideal Kg.
MI CUERPO ES UN SER
INTELIGENTE
Y MIS CÉLULAS SABEN QUE
NUESTRO PESO ES DE
Aquí escribir el peso ideal Kg
ESTO ES LO QUE PESO.
TU INTENCIÓN HA SIDO
SIEMPRE LA DE AYUDARME
TE AGRADEZCO ESTA
BUENA INTENCION DE
ESTAR AHÍ
SIEMPRE APOYÁNDOME,
ACEPTO TU REGALO
ACEPTO EL PESO DE
Aquí escribir el peso ideal Kg,
TE AMO CON TODAS TUS
CUALIDADES,
AMO TU INTELIGENCIA
TU SERVICIO
INCONDICIONAL.

Secuencia.

Pasamos a la secuencia.

En todos los puntos repetimos la misma palabra.

- ✓ CJ = el principio de la Ceja. *MI PESO NORMAL ES DE <u>Verbalice su peso ideal</u> Kg. Y ESTO ES LO QUE PESO.*
- ✓ LO = el Lado del ojo. *MI PESO NORMAL ES DE <u>Verbalice su peso ideal</u> Kg. Y ESTO ES LO QUE PESO.*
- ✓ DO = Debajo del ojo *MI PESO NORMAL ES DE <u>Verbalice su peso ideal</u> Kg. Y ESTO ES LO QUE PESO.*
- ✓ B = Bajo la nariz. *MI PESO NORMAL ES DE <u>Verbalice su peso ideal</u> Kg. Y ESTO ES LO QUE PESO.*
- ✓ M = Mentón. *MI PESO NORMAL ES DE <u>Verbalice su peso ideal</u> Kg. Y ESTO ES LO QUE PESO.*
- ✓ .C = Clavícula. *MI PESO NORMAL ES DE <u>Verbalice su peso ideal</u> Kg. Y ESTO ES LO QUE PESO.*
- ✓ BA = Bajo la Axila. *MI PESO NORMAL ES DE <u>Verbalice su peso ideal</u> Kg. Y ESTO ES LO QUE PESO.*
- ✓ BT = Bajo la Tetilla *MI PESO NORMAL ES DE <u>Verbalice su peso ideal</u> Kg. Y ESTO ES LO QUE PESO.*
- ✓ Pu = Pulgar. *MI PESO NORMAL ES DE <u>Verbalice su peso ideal</u> Kg. Y ESTO ES LO QUE PESO.*
- ✓ DI = *MI PESO NORMAL ES DE <u>Verbalice su peso ideal</u> Kg. Y ESTO ES LO QUE PESO.*
- ✓ DM = *MI PESO NORMAL ES DE <u>Verbalice su peso ideal</u> Kg. Y ESTO ES LO QUE PESO.*
- ✓ MÑ = *MI PESO NORMAL ES DE <u>Verbalice su peso ideal</u> Kg. Y ESTO ES LO QUE PESO.*

Punto karate.

Repetimos frase tres veces:

- ✓ PK = *MI PESO NORMAL ES DE <u>Verbalice su peso ideal</u> Kg. Y ESTO ES LO QUE PESO.*
- ✓ PK = *MI PESO NORMAL ES DE <u>Verbalice su peso ideal</u> Kg. Y ESTO ES LO QUE PESO.*
- ✓ PK = *MI PESO NORMAL ES DE <u>Verbalice su peso ideal</u> Kg. Y ESTO ES LO QUE PESO.*

Punto de intersección.
Repetimos frase.

MI PESO NORMAL ES DE
<u>*Aquí escribir el peso ideal*</u> *Kg.*
Y ESTO ES LO QUE PESO.

Respiramos profundamente.
Inspiramos.
Exhalamos.
Inspiramos.
Exhalamos.
Acabamos de finalizar la sesión.

ÚLTIMAS PALABRAS.

Hemos llegado al final. Cuando quiera puede acercarse a la nevera, abrirla y comprobar por usted misma/o en el nuevo estadio de vida que acaba de entrar.

Dado que durante este tiempo ha estado estimulando puntos emocionales, es muy probable que a la par de los trabajados le hayan aflorado otras escenas que tenía enquistadas. Es natural que así sea. Para su tratamiento no tiene más que hacer uso de las herramientas que ya conoce. Visualizar, aceptar, modificar. En caso de duda, consejo, envíenos un correo.

Muchas gracias por confiar en nosotros.

- No se olvide de hacer deporte. El que sea; pero hágalo. Nuestro cuerpo requiere actividad; fue creado para ello. Existen tantísimos expertos tratando este tema y aplicaciones informáticas que consideramos una redundancia traerlo a colación.
- Procure hacer de la estimulación de ondas Alfa un hábito. Aunque tan solo pueda diez minutos (10´), al día; pero hágalo. Le ayudara a estar permanentemente informado/a sobre el estado de su cuerpo, además de fortalecerse con todas las bondades comentadas.
- Cuide su dieta hasta que sea una rutina la recién adquirida.
- Ante cualquier emoción no liberada, busque un momento, céntrese en ella y practique. Respete ese maravilloso templo que es su cuerpo. Él es, el que hace posible que llevemos a cabo nuestros sueños. Que experimentemos al máximo todos nuestros sentidos. El que podamos amar, abrazar, acariciar, procrear, correr, viajar, degustar un tempranillo con los amigos, sentir mientras vuelas el placer de experimentar que

acabas de entrar en "una térmica interminable" o bajo el mar, en su silencio roto solo por nuestra respiración artificial, descubrir a las rayas en su camino a la arena donde camufladas, quietas, aguardar el paso de su presa. ¡Bendito cuerpo!

- Sea honesto/a. Mentir causa dolor a nuestro cuerpo y genera desconfianza en el otro. Langleben, D.D. y otros en su investigación descubrieron como antes de que la mentira se comunique a los demás, se activa en "el sujeto mentiroso" una alarma en su corteza cingulada anterior, la zona de la corteza prefrontal donde se encuentra nuestro detector de honradez, y la investigadora Jooa Julia Lee y su equipo (2015), en sus trabajos sobre las consecuencias de una conducta no ética, constataron mediante muestras de saliva un aumento de cortisol y testosterona después de haber llevado a cabo una conducta deshonesta.

Queremos participarle que nos tiene a su disposición.

No dude en ponerse en contacto con nosotros para comentar si lo requiere, de cuanta información precise al respecto, nos será muy grato proporcionársela y ayudarle en cuantas nuevas dudas le pueda surgir.

Gracias.

No se olvide de ser feliz.

UNA ÚLTIMA PALABRA.

Si encontró útil este libro le agradecería dejar un comentario en Amazon.

Solo sus palabras nos van a permitir avanzar.

Gracias, muchas gracias.

Si le interesa los temas que trabajo, en el siguiente enlace podrá encontrar los libros:

Formador de Formadores. Docencia de la Formación

Oratoria. Los pasos que nunca le contaron

Si está interesado/a en mantener una primera consulta totalmente gratuita, puede escribir al WhatsApp de Terapias, en España.

Gracias por su confianza.

AUDIOS PARA LA PRÁCTICA

Ejercicio para la estimulación de ondas alfa

Introducción y paso 1

Paso 2

Paso 3

Paso 4

Paso 5

Paso 6

Paso 7

Pasos 8 y 9

Paso 10

BIBLIOGRAFÍA.

Allend, S. *PNL. Persuasión e influencia* (2015), Ed. Create Space Independent Publishing Platform. Reino Unido.

Alpert, R. *Siendo Ram Dass* (2021). Ed. Gaia. Madrid.

Bandler, R. y Grinder, J. *Estructura de la Magia (*2008). Amazon.

Callahan, RJ. *Despierta a tu sanador interior. Como activar el sistema de curación propio con la psicología alternativa.* (2006). Colección Palmyra, Ed. La Esfera de los libros. Madrid.

Caycedo, A., *Sofrología medica Oriente-Occidente.* (1973). Ed. Aura. Madrid.

Caycedo, N., *Alfonso Caycedo: Vida y obra del creador de la sofrología. Libro de texto.* (2019). Amazon.

Ebbinghaus, H., *Psychology: An elementary Tex-Book.* (2016) Versión Kindle. Ed. Anboco. Madrid.

Emoto, M. *El milagro del agua.* (2019). Ed. Luciérnaga. Barcelona.

Escudero, A. *Curación por el pensamiento. Noesiterapia.* (2018) Ed. Noesilogy & Noesitherapy, S.L. Valencia.

Hanson, P. *El placer del estrés* (1987) Ed. Sitesa. México.

Huarte, J. *Examen de ingenio para las ciencias* (2010). Ed. Fundcrea.

Feinstein, D., Eden, D. y Craig, G. *The Promise of Energy Psychology: Revolutionary Tools for Dramatic Personal Change* (2005). Editorial Penguin Group. Westminster.

Langleben, D.D. y otros, (2002) *Brain activity during simulated deception, an event-related functional magnetic resonance study.* Neuroimage, 15: pp, 727-732.

Lee, J.J. y otros. *Hormones and ethics: understanding the biological basic of unethical conduc.* (2015). J. Exp Psychol Gen. 144(5): pp. 891-897.

Lewis, B. y Frank Pucelik *Magic of PHL Demystifiel: A Pragmatic Guide to Communication & Change.* (1990) Editorial Metamorphous. Portland.

Martin, B. *Nuevo Testamento* (2006) Ed. Confederación Episcopal Española.

Mesmer, F.A., *Los fundamentos del magnetismo animal.* (2006) Ed. Índigo. Madrid.

Taylor, C.C.W., *The atomists, Leucippus and Democritus* (2010) Ed.

University of Toronto Press, Reprint edition. Amazon

Wilde, O. *El retrato de Dorian Gray* (2000). Ed. S.L.U. Espasa Libros. Madrid.

Zak, P.L., *La molécula de la felicidad. El origen del amor, la confianza y la prosperidad.* (2012). Ed. Indicios. Barcelona.